B. Pitcher

Das Pferd

Ein Buch für das Volk, enthaltend die praktischen Erfahrungen nach jeder Richtung hin, die ein Hufschmied in siebenunddreissigjähriger Tätigkeit gesammelt;

B. Pitcher

Das Pferd
Ein Buch für das Volk, enthaltend die praktischen Erfahrungen nach jeder Richtung hin, die ein Hufschmied in siebenunddreissigjähriger Tätigkeit gesammelt;

ISBN/EAN: 9783743326590

Manufactured in Europe, USA, Canada, Australia, Japa

Cover: Foto ©ninafisch / pixelio.de

Manufactured and distributed by brebook publishing software (www.brebook.com)

B. Pitcher

Das Pferd

Das Pferd.

„Ein Pferd! Ein Pferd! Mein Königreich für ein Pferd!"
Nach dem Menschen ist das Pferd das edelste Geschöpf Gottes, und auch das am meisten mißhandelte. Kein Strahl, kein Fuß; kein Fuß, kein Pferd.

Ein Buch für das Volk,

enthaltend

Die praktischen Erfahrungen nach jeder Richtung hin, die ein Hufschmied in siebenunddreißigjähriger Thätigkeit gesammelt; sowie manches Wissenswerthe über Pferde, und wie dieselben behandelt, beschlagen und gewartet werden müssen; nebst einer Anzahl Recepte, welche der Verfasser seit Jahren gebraucht, und für Pferde und Menschen gut befunden hat,
und als Anhang:

Eine kurze Abhandlung,

Mit guten Rathschlägen für junge Leute betreffs Wahl eines Berufes, die Achtbarkeit eines Handwerks u. s. w.

Von B. Pitcher.

Zweite Auflage.

Chicago:
Verlegt von A. Knobel.
1880.

Copieret, 1880
an B. Pitcher.
Nachdruck verboten.

Dieses Buch wird per Post zugesandt gegen Einsendung von
Fünfundsiebenzig Cents.
In der Bestellung sollte die volle Adresse, mit dem Namen der nächsten Post=Office, des Countys und Staates angegeben sein. Alle Bestellungen richte man an

A. KNOBEL,
Chicago.

☞ Wiederverkäufer erhalten guten Rabatt.

B. Pitcher,
Verfasser.

Vorwort.

An das Publikum!

Indem ich mit diesem Buch vor das Publikum trete und mir des Vorurtheils wohl bewußt bin, das gegen alle Bücher dieser Art herrscht, möchte ich gleich von vorn herein bekennen, daß ich kein Professor, Studirter, Pferdedoctor oder irgend ein Doctor, sondern ein einfacher Handwerker bin. Was dieses Buch enthält, sind meine Erfahrung und meine Beobachtungen während eines Zeitraumes von sieben und dreißig Jahren.

Die meisten Werke über diesen und verwandte Gegenstände sind von Männern geschrieben, die zwar eine Theorie über die Sache haben, aber nicht den Hammer ergreifen und ihrem eigenen Rath folgen können. Dies Buch lehrt wie das Pferd gezogen, erzogen, gelenkt und beschlagen, und wie es kurirt und gewartet werden sollte; daneben enthält es eine Anzahl vom Verfasser gesammelter und von ihm seit Jahren gebrauchter Recepte, von denen jedes einzelne die Kosten dieses Buches werth ist.

Der Verfasser.

Inhalts-Verzeichniß.

Allgemeine Bemerkungen.. 13
Allgemeine Ursachen der Lahmheit von Pferden.................... 20
Allgemeine Behandlung von Pferden................................ 15
Bemerkungen über Krankenpflege.................................... 18
Bockige Pferde und Kutscher....................................... 26
Das Haarschneiden... 16
Der zu stramme Spannzügel... 19
Fußbad für Pferde... 24
Grausame Behandlung des Hufes..................................... 21
Krankheit des Schiffbeins... 20
Lahmheit im Sprunggelenk.. 21
Pferdesprache... 23
Ueberstützigkeit (Cupped Ankles).................................. 21
An junge Handwerker... 105
Astronomie... 131
Aufsätze... 128
Auswahl eines Handwerkes. Ein jedes Handwerk genießt ein Ansehen 105
Biographie... 134
Der Handwerker soll in seinem Beruf Meister sein................. 108
Der Handwerker muß seinem Handwerke treu bleiben................. 110
Der Handwerker muß sein Handwerk ehren........................... 111
Der Handwerker muß seine Mußestunden dem allgemeinen Interesse
  seines Handwerkes widmen....................................... 115
Der vom Handwerker erreichbare Lohn geistiger Bildung............ 123
Die Chemie... 131
Die Sittlichkeit des Handwerkes.................................. 137
Die Studien des Handwerkers...................................... 123
Die Mittel der geistigen Ausbildung, welche dem Handwerker zugäng-
  lich sind.. 122
Eine falsche Richtung des menschlichen Fleißes.—Vorurtheil gegen die
  Handwerker... 115
Geistige Ausbildung der Handwerker und deren Wichtigkeit......... 117
Geschichte... 132
Höflichkeit.. 136
Mathematik... 127

Inhalts-Verzeichniß.

Musik	136
Naturgeschichte	132
Zeichnen	135
Zur Stärkung des Gedächtnisses	129
Das Beschlagen der Pferde	73
Beschlagen der Maulesel	88
Clips	73
Druck auf den Strahl	95
Einiges über die Regeln des Hufbeschlags	88
Eingetretene Nägel oder Splitter	101
Etwas über den Strahl	93
In die Eisen Hauen	97
Leichtdornen am Fuße des Pferdes	99
Ueber das Anlegen heißer Eisen	90
Das Pferd	27
Das Pferde-Kummet	103
Des alten Renner's Klage	11
Recepte	37
Abführ-Pillen	47
Abführmittel für Rindvieh	52
Augensalbe	54
Abführmittel im Frühjahr	66
Abführungsmittel	67
Ein anderes	67
Abführende Clystiere	67
Bei frischen Wunden	46
Blaue Salbe	50
Blutharnen	63
Buches Tropfen, zu machen, daß ein Pferd anhänglich ist	52
Das magerste Pferd fleischig zu machen	48
Die ersten Merkmale bei Würmer	60
Durchfall, Ruhr u. s w.	66
Ein mildes, allgemeines Liniment	46
Eingeweide-Entzündung	55
Fichten-Theer	53
Fieber-Pille	65
Fistel	61
Fisteln	50
Gegen Anschwellungen nach Quetschungen	68
Gegen Sattelbruck	68
Gegen spröbes Fleisch	68
Ein anderes Mittel	66

Inhalts-Verzeichniß.

Gegen Würmer	67
Genick-Fistel	60
Geschwollene Beine	49
„Green-Mountain" Salbe	46
Haarwuchs-Salbe	67
Hornkluft, geschwollene Ballen	45
Hufknorpeln	38
Hufsalbe	43
Hufsalbe	47
Hufzwang und weicher Huf	44
Husten-Pille	65
Katarrh oder einfache Erkältung	70
Kolik	49
Krankheiten der Harnorgane	62
Ein anderes Mittel	62
Krätze oder Räude	69
Kronengeschwür	68
Läuse zu vertreiben	50
Laune	52
Leber-Entzündung oder gelber Urin	55
Liniment für Quetschungen und Anschwellungen	66
Ein andeꝛes	66
Lungen-Fieber	54
Maulsperre	50
Pferdezucht	37
Rähe	47
Reinigende Clystiere	66
Reinigende Salbe bei Geschwüren, Schrammen u. s. w.	70
Rheumatische Schmerzen, Krämpfe, Spat	71
Rheumatismus beim Menschen	72
Salbe gegen Schrammen, geschwollene Fesselgelenke, Kronengeschwüre und ähnliche Uebel	69
Salbe zur Säuberung häßlicher Geschwüre	69
Schlimme Augen	54
Ein anderes Augenwasser	54
Schmerzstillendes Fluidium	65
Schulter-Lahmheit	44
Schwarzes Oel Liniment	43
Seifen-Salbe	45
Sichere Kur der Hemorrhoiden	51
Sichere Kur gegen Dämpfigkeit und Keuchen	65
Splint und Spat Liniment	51

Inhalts-Verzeichniß.

Strichfäule und Strahlkrebs	63
Thierärztliches	37
Trächtige Stuten, Kühe etc.	38
Ueberbein, Spat, Splint, Gelenkgeschwulst, Windgalle	48
Ueberfüllter Magen	67
Um den verlorenen Appetit bei Pferden und Rindvieh herzustellen	53
Ein anderes Mittel	53
Verhärtete Hufmasse	45
Verletzungen der Hufkrone durch Tritte, Quetschungen, streifende Eisen u. s. w.	69
Warzen an Pferden zu beseitigen	49
Warzen bei Menschen zu entfernen	53
Weiße Salbe	48
Weiße Salbe gegen Geschwüre, Schrammen u. s. w.	70
Windgallen	62
Würmer	55
Zug-Salbe	49
Zum Brechen schlechter Gewohnheiten	39
Rezepte für Handwerker	102
Hufeisen oder irgend eine Stahlsorte zu schweißen	102
Mühlstein-Picken zu härten	102
Schrauben und Schraubenmuttern zu härten	102
Zeugnisse	140
„Racer" Pferde-Raspeln	145
Globe Hufnägel Co.	146
Bade Stiefel	148
Pferde-Gebiß	149
C. F. Dewick & Co.	150
Deutsche Warte	151

Des alten Renner's Klage.
Von Francis P. Smith.

Ich hatt' einst einen Herrn, einen bessern gab es nicht,
Er nannt' mich seine Perle und seiner Augen Licht;
Er rief mich mit Schmeichelnamen, wenn ich ihm fraß aus der Hand,
Und hat auf mich viel Sorge und alle Müh' gewandt.
Er hütete meinen Schlummer, als wär' ich sein theures Kind,
Kein Unheil durfte mir nahen, meinem Haupte kein rauher Wind.
Das klarste Wasser vom Brunnen holt' er mir selbst herbei,
Er füllte meine Raufe allzeit mit duftigem Heu.

Rasch waren meine Füße und atlasgleich mein Fell,
Schlank waren meine Glieder und meine Augen hell.
Mit meinen starken Schultern und meinen Schenkel blank,
Mit meinem Schweif, der Mähne, so seidenweich und lang,
War ich wohl ohne Gleichen, eines edlen Renner's Bild!
Wie flog ich über die Rennbahn, so muthvoll und wild;
Da war kein Treiben nöthig, da reizte mich kein Sporn,
Mein eigenes Feuer trieb mich, und immer war ich vorn.

Doch die Zeiten kamen und gingen, meine Kräfte schwanden hin
Mit der flüchtigen Jugend zu rennen, bringt mir nicht mehr Gewinn.
Schon hört meinen Herrn ich sagen, ein schmerzlich, bitt'res Wort:
„Das alte Roß ist im Wege, d'rum führt es lieber fort.
Es ist zu nichts mehr nütze, das arme, alte Thier,
D'rum legt ihm an die Zügel und führt es fort von hier;
Führt weit es nur in die Ebene und schießt es draußen todt,
Doch zielet fest und sicher, dann ist vorbei die Noth."

Ich will ja auch wohl sterben, ich sträube mich nicht mehr;
Nur daß er hieß mich tödten, das macht es mir so schwer.
Für ihn würd' ich noch schaffen, wohl lang noch, läg's an mir,
Doch still, es ist vorüber, nehmt meine Wünsche hin,
Gerbt meine Haut zu Leder, zu Zaumzeug wird's verwandt,
Gebt meine Knochen dem Drechsler, in die kunstfertige Hand;
Dann scharrt den alten Körper, bei Sonnenuntergang,
Wohl unter den Rasen der Rennbahn, wo ich meine Siege errang.

Allgemeine Bemerkungen.

Der Verfasser dieses Werkchens gehört keiner besonderen Secte oder Schule an. Er glaubt, daß der intelligente Arzt aus allen Schulen und Systemen, und aus einer jeden je angewandten Behandlungsweise etwas für ihn Werthvolles ziehen kann. Die Nützlichkeit dieses Buches wird hauptsächlich in den darin enthaltenen praktischen Fingerzeigen bestehen. Es wird in gar manchen bringlichen Fällen ein verläßlicher Rathgeber sein.

Viele gewöhnlich als unheilbar angesehene Krankheiten werden als leicht heilbar befunden werden, und andere, welche für schwer heilbar angesehen wurden, stellen sich als heilbar heraus. Lahme Füße, Leichbornen, Hornspalten sind, wie schlimm sie auch sein mögen, mit kaum einer Ausnahme durchaus heilbar. Lähmung und Krankheiten des Schiffbeins können durch Anwendung der richtigen Methode beim Beschlagen durchweg verhindert werden. In den anfänglichen Zuständen sind die Steifheit und Spannung am Knie leicht heilbar, in den späteren Stadien, wo sie nicht absolut heilbar sind, können sie bis zu einem merkwürdigen Grade gehoben werden. Der Verfasser hat über diese Gegenstände Ansichten und Anschauungen, welche die thatsächliche Probe aushalten können, und das ist mehr als von Vielem gesagt werden kann, das über den Fuß des Pferdes geschrieben nnd gesagt worden ist. Der praktische Werth dieses Buches für Pferdezüchter und Pferdebeschützer kann nicht überschätzt werden. Der Verfasser hält seine Theorie und Praxis mit Bezug auf die Fußkrankheiten der Pferde für völlig unangreifbar, und er gedenkt, seine ganze Zeit und Thatkraft der Belehrung Anderer zu widmen, in der Ueberzeugung, daß er, indem er damit seinem eigenen Interesse dient, er die höheren Interessen der Humanität und Civilisation fördert.

Bei Auswahl eines Pferdes werde man sich vorher darüber klar, welche Art von Arbeit man dasselbe verrichten zu lassen gedenkt, denn beim Pferde sind dieselben Regeln in Obacht zu nehmen, die beim Menschen gelten. Wenn ich einen Mann in der Schmiede zum Blasen und Hämmern gebrauche, so nehme ich keinen jungen Mann mit enger Brust, schlanken Gliedern und feinem, zarten Gesicht und von nur achtzig bis hundert Pfund Gewicht, denn hiezu sind einhundert und fünfzig Pfund und starke Brust und breite Schultern nothwendig. Für harte Arbeit sind starke, gut entwickelte Muskeln und Gewicht zur Unterstützung derselben höchst wesentlich. Pferde sind wie Menschen, die einen mehr zu leichter und die andern mehr zu schwerer Arbeit geschaffen.

Das erste Ding, worauf ich bei Auswahl eines Pferdes sehe, sind seine Füße. Wenn dieselben tiefe Wände, volle, runde, breite Hacken, hübschen, reichen, großen Strahl und schwarze Hufen haben, dann thut's; weiße Hufen sind nicht so zäh, wie schwarze. Dann erst sehe ich weiter. Kein Fuß, kein Pferd. Zunächst untersuche ich die Augen; und dann alles Andere. Eine gute, breite Scheibe und kleiner After sind gute Zeichen; ebenso ferner eng aneinander liegende Rippen, runde Hüften, volle Brust und Schultern, hohe Schulterblätter, hübscher Hals und Kopf; und sich zu, daß es seinen Kopf in der richtigen Höhe, ohne Zwangzügel, trägt; ich bin kein Freund des Kappzaumes. Das Pferd soll seinen Kopf in seiner natürlichen Lage tragen, dann wird es leicht laufen. Sieh ja, daß es beim Stehen die Beine unter sich behält. Kaufe nie ein Pferd mit erhobenem, noch mit einem hohlen Rücken, denn solche Pferde sind schwach im Kreuz. Für langsame Arbeit und schwere Lasten wähle vierzehnhundert pfündige oder schwerere; für die Farm elfhundert bis dreizehnhundert pfündige; für das Buggy achthundert bis elf hundert pfündige Pferde.

Die alten Mohawk-Deutschen im Staat New York hatten immer gute Pferde. Ihre Vorschrift für Auswahl eines guten Pferdes war: Runder Bau, kurze Beine. Sie sagten, sie wollten nicht so viel Tageslicht darunter haben; und einen guten Fresser, denn was nicht fressen kann, kann auch nicht arbeiten. Beobachte das Pferd, wenn es frißt! Wenn es sein Maul gleich bis auf den Grund der Krippe stößt und dazu scharrt, dann ist es ein gutes Pferd. Es kann arbeiten. Breite, runde, gut gebaute Pferde können harte Arbeit vertragen. Aber hohe, grobknöchige Pferde können die Arbeit nicht thun, und fressen eben so viel, wenn nicht mehr, als die runden, feineren Pferde. Beim Fahren lasse die Pferde, wenn Du des Morgens ausfährst, erst langsam gehen, denn ihr Wanst ist voll, und sie fühlen schwer, und wenn man sie schnell laufen macht, werden sie viel Schmerz leiden. Auf längeren Touren gieb ihnen oft Wasser, aber nur wenig zur Zeit. Das hält ihnen Maul und Nüstern feucht, und sie werden leicht athmen. Mittag's stelle Dein Pferd in den Stall und decke es eine kurze Weile, bis es abgekühlt ist, zu. Gieb ein wenig mit reinem Wasser angefeuchtetes Heu. Nachdem es abgekühlt ist, gieb ihm ein wenig kaltes Wasser und ein wenig Korn. Gieb ihm Mittags weniger zu fressen, als Abends oder Morgens. Vermeide, wenn möglich, Dein Pferd in starkem Luftzug stehen zu lassen, wenn es warm geworden, ohne ihm eine Decke überzuwerfen; denn es könnte sich erkälten und sich die steife Reh oder Lungenentzündung zuziehen. Habe es nie zu eilig, in's Haus zu gelangen, sondern sorge erst gut für Dein Pferd.

Allgemeine Behandlung.

Wollene Decken und Flanell-Binden tragen zu schnellerem Stoffwechsel durch die Haut und die Extremitäten bei. Nahrung sollte, außer in bringlichen Fällen, einem Pferde nie aufgedrungen werden. Es sollte durch Leckerbissen zum Essen angetrieben werden. Auch das beste Futter wirkt entzündend auf einen in Unordnung gerathenen Magen. Kleie, Rüben, Hafergrütze, Leinsaat und Leinölkuchen, frisches Futter und Heuaufguß liefern die beste Diät für kranke Pferde. Einathmen von Dämpfen von heißer Kleie oder Heuthee ist gut in allen Luftröhrenkrankheiten. Leinsaat wirkt in Folge seiner Nahrhaftigkeit und seines Oelgehalts lindernd auf die entzündeten Schleimhäute. Kaltes Wasser erfrischt und sollte dem kranken Pferde stets erreichbar sein. Bandagen werden den Beinen zum Zwecke des Druckes, der Befeuchtung, der Wärme und des Schutzes angelegt.

Gekochtes Futter den Pferden als beständige Nahrung zu geben, kommt immer mehr in den Gebrauch, in Amerika sowohl wie in der alten Welt. In einer Unterredung mit dem Präsidenten der United States Steam Feed Company, der diese Praxis hier einführte, machte die Theorie einen bedeutenden Eindruck auf mich, und ich habe mir große Mühe gegeben, den praktischen Werth jenes in Chicago bereiteten Futters zu beweisen. Ich fand die Meinung allgemein verbreitet, es sei besser für das Pferd; auch werde der Futterwerth durch das Kochen erhöht, sei also billiger; halte außerdem das Thier frei von Krankheiten, wie Kolik u. a., die durch Gährung entstehen. Ich glaube deshalb, wenn dieser Sache ordentliche Aufmerksamkeit geschenkt wird, so ist die Zeit nicht mehr ferne, in der man gekochtes Futter giebt — nicht als Ausnahme, sondern als Regel.

Das Haarschneiden.

Das Beschneiden der Haare der Pferde wird heutzutage in großen Städten in sehr großer Ausdehnung betrieben, und da ich dasselbe in verschiedener Hinsicht für sehr schädlich für die Pferde halte, habe ich es für gut gehalten, diesem Gegenstande in dem vorliegenden Buche etwas Aufmerksamkeit zu widmen, in der Hoffnung, damit dem Pferd und dem Eigenthümer zu nützen.

In einer der neueren Nummern von Dunton's "Spirit of the Turf" fand ich einen so fähigen und guten Artikel von Dr. G. S. Otis über diesen Gegenstand, daß ich mir die Freiheit genommen habe, einige Auszüge daraus zu machen. „Das Beschneiden der Haare der Pferde wurde vor gut sechzig Jahren von den Spaniern eingeführt, und Hrn. Gamagee zufolge war es sogar in England zeitweise gang und gebe, das Pferd zu rasiren. Wo dies geschah, war das Pferd so kahl, wie die Haut eines getödteten, abgekochten und abgeschruppten Schweines, und schob man das Rasiren hinaus, bis das Wachsthum der Unterhaare aufgehört, so blieb das Pferd den ganzen Winter hindurch nackt wie ein Elephant. Die Befürworter des Haarschneidens machen geltend, und darin haben sie vollkommen Recht, daß es die Arbeit des Knechtes vermindert, daß es das Schwitzen des Pferdes im Stalle verhindert, und daß das Pferd auch bei der Arbeit weniger schwitzt." Prof. Going bringt als Grund für das Haarschneiden vor, „daß die Eigenthümer großen Nutzen davon gehabt haben müssen, sonst würden sie es nicht gethan haben."

Unserer Ansicht nach ist die Praxis, ein Thier die Sommerhitze hindurch in vollem Besitz seines natürlichen Kleides herumlaufen zu lassen, und es dann während der Wintermonate jeden Schutzes zu berauben,

Allgemeine Bemerkungen.

nicht nur eine Grausamkeit gegen das Pferd, sondern auch in hohem Grade schädlich.

Es giebt vier Reinigungs-Wege — die Haut, die Lungen, die Verdauungscanäle und die Nieren. Eine jede davon stößt fortwährend Stoffe aus, deren Verbleib im System dem Thiere meist schädlich sein würde. Man hat annähernd berechnet, daß ein Pferd von acht hundert Pfund Gewicht in vier und zwanzig Stunden ungefähr vierzehn Pfund und fünf Unzen Flüssigkeit durch unmerkliche Ausdünstung verliert. Die Ausdünstung, welche durch starke Bewegung verursacht wird, ist viel bedeutender, und durch Ansammlung auf der Oberfläche wird sie sichtbar und bildet Schweiß. Diese Ausdünstung ist ein direktes Erzeugniß des Leberprocesses und nicht eine bloße Austreibung von Wassertheilchen durch die Haut, wie vielfach angenommen wird. Bei einem Pferde, dem das Haar abgeschnitten, wird die Haut leicht kalt werden, die Blutgefäße der Haut werden sich zusammenziehen und theilweise den natürlichen Ausweg für die überschüssige Körperhitze verschließen, und zu gleicher Zeit das Ausstoßen des verbrauchten Stoffes, der ausgestoßen werden sollte, und dessen Verbleiben im Körper als ebenso schädlich für das thierische System bekannt ist wie direktes Eingeben eines Giftes durch die Speisekanäle, beschränken und aufhalten. Die Haut, die Gedärme, die Lungen und die Nieren ziehen einander leicht in Mitleidenschaft, weil sie alle dieselbe Aufgabe haben, die aufgebrauchten Stoffe, jede in der ihrem Bau eigenthümlichen Weise, aus dem System zu entfernen, so daß wenn z. B. die Ausdünstung durch die Haut verstopft würde durch Stoffe, mit deren Ausstoßung sie betraut ist, dieselben wahrscheinlich auf das eine oder andere der genannten Organe geworfen und deren Funktionen dadurch gestört werden; und wenn eins derselben, aus im System begründeten oder zufälligen Ursachen bereits schwächer als die übrigen ist, wie es häufig vorkommt, so wird dieses natürlich zuerst erkranken. In dieser Weise werden bei dem einen Pferde die Gedärme sich entzünden und Durchfall wird die Folge sein, während bei dem andern die Nieren angegriffen werden und Harnruhr eintritt. Die Schafhirten wissen sehr wohl, daß Schafe nach der Schur nicht selten an Starrkrampf, Lungen- und Darm-Entzündung und einer besonders bösartigen Form von Rothlauf sterben. Die Thierärzte wissen auch, daß das Beschneiden der Haare an den Füßen und Beinen der Pferde die Haut der Nässe und dem Schmutz aussetzt, und Entzündung, Geschwürbildung, tiefe Spalten in den Fersen, Anfälle von Mauke, Anschwellen der Beine, Steifheit in den Gelenken, etc., etc. veranlaßt. Wenn derartige pathologische Zustände schon allein aus dem Abschneiden der Haare auf den Fersen und Beinen entstehen — was müssen erst die Folgen sein, wann der ganze Körper von Haaren entblößt ist? Aber, sagen die Freunde des Haarschneidens, das Pferd muß gut eingehüllt und der Stall warm gehalten werden, um das fehlende natürliche Kleid zu ersetzen. Wir wollen hier erklären, daß keine noch so große Zahl von Decken und kein noch so hoher Grad von Stallwärme, die doch nur auf Kosten der Reinheit der Luft erlangt wird, das gleichmäßig vertheilte Haarkleid ersetzen kann. Das Haar verhindert, weil es ein schlechter Wärmeleiter ist, daß die Körperhitze des Pferdes schnell verfliegt, und schützt das Thier gegen den schädlichen Einfluß plötzlichen äußerlichen Wärmewechsels. Mayhew sagt, ein Pferd, dem das Haar beschnitten, sei ein Greuel. Man braucht kein Sachverständiger zu sein, um zu sehen, daß das Haar eines geschorenen Pferdes unnatürlich ist. Es ist heller. Beim Rappen wird es zum Rostbraun; es ist matt und widerspenstig, und hat nichts von der glänzenden Oberfläche, die dem Vierfüßler eigen ist. Zum Schluß sei gesagt, daß das Scheeren in Chicago und anderen Städten in diesem Winter in sehr bedeutendem Maße vor sich geht. Das Wetter ist bis dahin sehr mild gewesen, und folglich sind die Leiden der armen Thiere nicht so groß gewesen. Sonst würden wohl schon viele Pferdebesitzer bedauern, daß sie je ihre Zustimmung zu der thörichten Praxis gegeben, das Pferd seines natürlichen Schutzes, des Haarkleides, zu berauben.

Bemerkungen über Krankenpflege.

Wenn ein Pferd krank ist, sollte es in einen warmen, gut ventilirten Stall gethan werden. Nie, wenn es irgend zu verhindern ist, sollte ein Pferd in einen Keller-Stall, einerlei ob es gesund oder krank ist, gebracht werden. Gieb ihm viel Luft — die ist billig. Gieb Deinem kranken Pferde einen geräumigen Stallverschlag, mit niedlicher, reiner Streu, und so oft letztere schmutzig wird, erneuere sie, namentlich bei Kolik. Das Pferd sollte genügend bedeckt werden, um einen wohlthuenden Wärmegrad zu erlangen. Die Beine sollten mit Flanell-Bänder umwunden werden, die von Zeit zu Zeit abgenommen, und nachdem man die Beine

Allgemeine Bemerkungen.

mit der Hand gerieben, wieder angelegt werden. In Bezug auf Nahrung folge dem Appetit des Patienten. Gieb wenig aber oft zu fressen. Gutes, reines Heu in kleinen Mengen ist immer gut. Kaltes Wasser und Heuthee sollten nicht vergessen werden. Kleie-Aufguß ist in den meisten Krankheiten, gekochte Leinsaat bei Halskrankheiten und Erkältungen gut. Gelbe Rüben und gekochter Hafer fressen die Pferde im Zustande der Genesung von jeder Krankheit. Auch verwende frisches Futter, wenn es zu haben ist. Gelegentlich, wenn das Pferd nicht fressen kann, ist es nothwendig, das Futter als Trank zu geben, oder es einzuspritzen. Vermeide rauhe Behandlung, aus Menschlichkeits- wie ärztlichen Rücksichten. Ein böses Wort oder rauhe Behandlung verursachen eine große Vermehrung der Schmerzen. Nimm stets die milde Seite. Meine Ansicht über die Behandlung gesunder Pferde ist, sie im Herbst fett zu machen. Dann sind sie halb über den Winter hinüber, wenn man sie, wie es stets geschehen sollte, in einem warmen Stalle hält. Versuche dies, und sieh, ob Du nicht Dein Pferd mit fast der Hälfte der sonst nöthigen Menge Futter durch den Winter bringst.

Der zu stramme Spannzügel

ist, meiner Ansicht nach, eine zu allgemeine Quelle der Qual für das Pferd, denn er zwingt Kopf und Hals aus ihrer natürlichen Lage. Meine Ansicht ist, daß ein Pferd, um natürlich und leicht laufen zu können, den freien Gebrauch seines Kopfes und Halses haben sollte. Dann nur ist ihm wohl zu Muth. Hat es von Natur einen hohen Kopf, wird es ihn auch hoch tragen; wenn nicht, ist alles, was man durch den Spannriemen erreicht, große Qualen für ihn. Einige behaupten, sie gebrauchen den Spannriemen, weil das Pferd dadurch Haltung und Eleganz erhält. Ich denke anders. Einige der besten Pferdekenner der Neuzeit haben dem Spannriemen und namentlich dem über stark angespannten, mit kleinern besondern Kandaren gänzlich den Abschied gegeben, denn dieser drückt direkt gegen die obere Backe oder die Maulwölbung und wird bei anhaltendem Gebrauch die Gaumen sehr schmerzen machen. Haltet ein mit dieser grausamen Behandlung. Wer's nicht glaubt, daß es grausam ist, versuche es an sich selbst, und ziehe seinen Kopf zurück, bis er einen rechten Winkel mit seinem Körper bildet. Er wird dann nicht mehr entstellt sein, als ein Pferd in der beschriebenen Lage. Jeder Pferdebesitzer und Kutscher sollte eine Praxis einstellen, die zugleich grausam, nutzlos und unelegant ist. Nichts steht, meinem Auge zufolge, einem Pferde so gut, als eine leichte Bremse ohne Scheuklappen und Spannriemen, und ich freue mich, so Viele zu sehen, die nichts weiter verwenden.

Allgemeine Ursachen der Lahmheit von Pferden.

Verrenkungen, Fluß, Steifheit, Anschwellungen, Knochenkrankheiten, Fußverletzungen, wie Hufverballung, Steingalle, Hornspalte, Abstoßen des Strahls, Verbrennen des Fußes mit zu heißem Hufeisen, Strahlfäule, Strahlkrebs. Schlecht passende Kummets machen die Schultern lahm und verursachen Ader- und Genick-Fisteln; Spannung des Kniegelenkes wird durch zu lange Zehen und zu niedrige Hacken verursacht. Zur Abhülfe beschneide die Zehen und laß die Hacken in Ruh. Lege Eisen mit hohen Hacken an, und bade die ganzen Beine mit heißem Salzwasser, und reibe die Sehnen gut mit Plack Oil Liniment ein. Dies curirt schlimme Fälle von Sehnenklapp. In fast allen Fällen von Lahmheit lege ich Eisen mit hohen Hacken an, bade gehörig mit heißem Salzwasser, und gebrauche das Black Oil Liniment und Binden. Dies wird, bei einigen Tagen Ruhe, wenn zeitig angewandt, und das wird, wenn das erste Hinken eintritt (denn die Thiere würden nicht hinken, wenn sie keine Schmerzen hätten), die meisten Fälle kuriren. Schmerzerheuchelung kommt beim Pferde nicht vor.

Der Leser wird die verschiedenen Mittel unter der geeigneten Ueberschrift finden.

Krankheit des Schiffbeins.

Dies ist eine Krankheit des Schiffbeins, das mit dem hohlen Theil des Hufes in Verbindung steht. Die Krankheit ist in fast allen Fällen durch Zusammenziehung des Fußes verursacht, wodurch auch die Sehnen, Bänder, Stränge und Blutgefäße zusammengezogen werden, und das von dem Schiffbein und dem Huf gebildete Gelenk steif und schmerzhaft machen; beim Laufen wird dies Gelenke der Reibung ausgesetzt und es entzündet sich und wird wund. Noch andere Ursachen sind vorhanden, wie Ueberanstrengung, Quetschungen aller Arten, Nagel in den Huf treten etc. Die erfolgreichste Behandlungsweise ist, einige Tage lang Umschläge

Allgemeine Bemerkungen.

mit Leinsaatmehl zu machen, und im warmen Salzwasser zu baden. Dann gebrauche das Black Oil Liniment und die Heilung wird da sein. Dies nimmt die Schmerzen fort und dehnt den Fuß aus; niemals ziehe Blasen noch benutze das Haarseil, das hilft nichts.

Ueberstutzigkeit (Cupped Ankles).

Dies wird durch Ueberanstrengung des Fesselgelenkes verursacht, und wenn man nicht sofort danach sieht, werden die Sehnen und Bänder wund, und das Pferd wird auf der Zehe stehen, um die Fessel zu erleichtern, und in Folge davon werden die Sehnen sich zusammenziehen. Die Behandlungsweise ist zuerst Eisen mit hohen Eisspitzen anzulegen, dann mit einer heiß anzuwendenden Mischung von 1 Quart Essig, ein viertel Pfund Salpeter und eine Unze Wermuth zu baden und eine sehr feste Binde anzulegen. Wenn sofort angewandt, wird das Pferd in kurzer Zeit wieder wohlauf sein.

Lahmheit im Sprunggelent.

Dieselbe wird durch Ausgleiten veranlaßt, welches eine Ueberspannung der Kniescheibe verursacht. Die die Scheibe umgebenden Bänder thun sich auseinander und geben nach, und die Scheibe verliert ihre natürliche Lage. Behandlung: Gebe dem Hufeisen hohe Zehen, babe die Scheibe oben auf und rund herum mit einer so heiß wie möglich anzuwendenden Mischung von einem Quart Essig, eine Viertel-Unze Salpeter und eine Unze Wermuth, und dann schmiere mit Black Oil Liniment den Fuß des Pferdes ein. Laß das Pferd ein paar Tage ruhen, damit die Scheibe und die Bänder wieder ihre richtige Lage annehmen, und das Pferd wird geheilt sein.

Grausame Behandlung des Hufes.

Die Behandlung des Pferdehufes ist ein Gegenstand, dem ich eingehendes Studium gewidmet habe, denn ich habe mehr als dreißig Jahre lang Pferde beschlagen. Wenn die Leser mir gestatten wollen, ihnen einige mir werthvoll erscheinende Fingerzeige zu geben, so kann ich vielleicht das Mittel sein, dem Pferde sowohl wie dem Eigenthümer einen Dienst zu leisten, und ersterem die Qual zu sparen, die es jetzt in Folge unrichtigen Beschlagens erduldet. Einige Leute glauben, oder thun als ob sie glaubten, der Pferdehuf sei ein Stück Holz, mit dem man einerlei was aufstellen könne. Diese Ansicht habe ich aus der Weise genommen, wie sie denselben behandeln. Fast alle Hufschmiede in großen Städten schneiden heutzutage, außer wenn man es ihnen ausdrücklich verbietet, den Strahl, die Braces, die Sohlen und die Hacken ab, lassen die Zehe lang und passen das Eisen auf dem Fußballen an, kehren die Hacken nach auswärts und schneiden die Wand oder Schale dicht an der Sohle ab. Sie machen das Eisen bis ganz nach hinten eingebogen und brennen den Fuß mit dem heißen Eisen bis es sitzt. Sie bringen auch Dornen (Clips) am Zehen und oft auch an der Seite an, und brennen auch diese ein. Nun, alle solche Behandlung halte ich für unrichtig und schädlich. Warum beschlagen wir die Pferde? Weil heutzutage unsere Straßen und Wege macadamisirt und gepflastert sind, und das Pferd die von ihm verlangte schwere Arbeit nicht barfuß aushalten kann. Deshalb legen wir Eisen unter den Huf des Pferdes, wie wir Spitzen an Spazierstöcken anbringen, und Bänder um die Wagenräder legen. Wenn wir die Füße des Pferdes beschlagen, sollte es so geschehen, daß es ihm nicht anstatt eine Wohlthat eine Qual wird. Um ein Pferd ordentlich zu beschlagen, ist es nöthig, sich den Huf genau anzusehen und auszufinden, wie er gemacht ist, und zu versuchen, einen vernünftigen Begriff von der Absicht des Schöpfers zu erlangen, als er ihn machte und ihn zu lassen, wie von ihm gefunden, und nur die Wand vor Abnutzung zu schützen und die Pferde am Ausgleiten zu verhindern. Denn wollten wir versuchen, die Natur zu verbessern, so würden wir, denke ich, Mißerfolg haben. Der Weg, wie ich ein Pferd beschlage, ist folgender: Ich sehe erst ob der Fuß eine natürliche Lage hat, ob er gerade aufsteht. Wenn das der Fall ist, braucht man nur die Wand zu ebnen, um das Eisen aufzulegen. Niemals beschneide man den Strahl, die Wand, die Sohle oder die Hacken. Man lasse die Natur ihre eigene Arbeit thun. Zufrieden gelassen werden sich alle sechs oder acht Wochen der Strahl, die Wand und die Sohlen ablösen. Mache das Eisen leicht am Zehen, schwer an den Hacken, denn die Hacken sind der zarte Theil des Hufes. Schlage die Nägel je ein gut Stück von den Seiten ein. Brauche leichte Nägel. Biege das Eisen ein bis zu den „Quarters," um die Sohle zu schützen, dann biege die Hacken ein wenig aus, dann werden keine engen Hacken, Steingallen,

Allgemeine Bemerkungen.

Hornrisse oder Lähmungen entstehen. Presse das Eisen kalt an und passe das Eisen dem Fuß, nicht den Fuß dem Eisen an. Folge der Wand genau. Mache das Eisen so breit wie möglich. Biege die Hacken nach dem Strahl zu, aber berühre denselben nicht. Mache das Eisen nie länger als der Fuß ist. Niemals verwende Rundeisen; dieselben sind unter allen Umständen schlecht und schädlich. Niemals schabe die äußere Wand ab, denn dadurch wird die Politur oder Emaille, welche dieselbe deckt, zerstört. Unrichtiges Beschlagen ist mehr Ursache von Lahmheit, als irgend etwas anderes; es verursacht Steingallen, Hornspalte und lahme Füße. Wer immer die Sohle, die Braces oder den Strahl eines Pferdefußes beschneidet oder beschneiden läßt, und den Huf mit einem heißen Eisen an den Seiten oder vorne brennt, macht sich einer Grausamkeit gegen das Pferd schuldig, dessen Fuß er verstümmelt. Kein Strahl, kein Fuß; kein Fuß, kein Pferd.

Pferdesprache.

Pferde haben, denke ich, Vernunft, und sind edleren Gefühlen zugänglich. Mir ist, als hörte ich ein Pferd folgendermaßen zu seinem Eigenthümer sprechen: Sie und ich wir sind Partners — wir haben jeder unsere bestimmte Arbeit zu verrichten, aber ich bin der stille Compagnon und bin es schon eine ziemliche Zeit gewesen. Angenommen, wir wechselten die Plätze. Du wirst eingeschirrt und angespannt und ziehst den Wagen, und ich nehme die Zügel und die Peitsche. Ich bringe Dir Scheuklappen am Zaume an, damit Du nur nach vorne sehen und ich Dich schlagen kann, ehe Du es siehst. Und wenn dann etwas hinter Dir ein Geräusch macht, oder etwas an Dir vorbei passirt und Du erschreckst Dich und springst scheu zur Seite und wirfst den Wagen beinahe um, ziehe und reiße ich Dich in's Geleise zurück, und bei jedem Schritt, den Du thust, peitsche ich Dich, denn Du kannst nur vorne sehen. Ich werde Dich schon lehren, gerade aus zu gehen. Ich lege Dir den Spannzügel an, und wenn Du den Kopf nicht meinem Geschmack nach hoch genug trägst, werde ich es Dir schon beibringen, wenn ich Dir auch deshalb den Nacken und Rückengrad brechen muß. Dann, wenn ich anhalte und Dich anbinde und Dich drei oder vier Stunden lang auf der Straße stehen lasse, lasse ich den Zügel angespannt, um Dich zu lehren, Deinen Kopf nach meinem Geschmack zu tragen. Wenn Du beim Laufen ausgleitest, nehme ich Dich zu einem Schmied und sage ihm, er soll Dich hübsch beschlagen, damit Deine Füße hübsch aussehen. Er wird Dir den Strahl, die Braces, die Sohle und Hacken beschneiden, dann das Eisen heiß richten, tief legen und Dir denselben rasch brennen, es dann annageln und die Außenseite des Hufes abraspeln, um dem Fuß ein elegantes Ansehen zu geben, und wenn Du nicht stillstehst und einen Laut von Dir giebst, werde ich dem Hufschmied sagen, Dir ein paar mit dem Hammer überzuhauen, um Dich zur Vernunft zu bringen. Wenn das noch nicht hilft, werde ich Dich halten, während er die Bremse in Deine Nase bringt. Dann, denke ich, wirst Du stehen und Vernunft annehmen. Wenn Du hernach lahm wirst, nehme ich Dich zu einem Schmied und sage ihm, Du hättest Steingallen und Hornspalten, Deine Füße seien trocken und heiß und fieberisch. Er wird sagen: Das will ich schon machen; ich werde ihm Rund-Eisen anlegen. Und dann wird er Dich von Neuem schneiden und brennen. Wenn Du dann noch nicht wieder besser wirst, werde ich Dich zum Thierarzt nehmen. Er wird Dich des Langen und Breiten untersuchen und sagen, daß Du an Schulterlähmung leidest und Dir ein Ziehpflaster auflegen; und auch das hat noch nichts geholfen. Ich schicke Dich auf die Weide, sicher, daß das die Heilung bewerkstelligen wird. Ich lasse Dich eine Zeitlang draußen — Du bist etwas besser. Ich hole Dich wieder herein, bringe Dich zum Beschlagen, und der Schmied schneidet und brennt Dich von Neuem, und sehr bald bist Du so lahm, wie vorher. Gut, denk' ich, ich will Dich herausputzen und verkaufen. Ich bringe Dich zu einem von den Pferde-Friseuren, lasse Dir das Haar abschneiden und absengen; dann wirst Du hübsch aussehen, einerlei, ob die Poren Deines Felles geschlossen und wund sind, und Dir überall die Raude ausbricht. Du hast nichts zu sagen — Du bist mein Eigenthum. Du bist nur ein Pferd. Wenn Du diese Behandlung durchgemacht und lebend bestanden hast, wirst Du wissen, was ich durch Dich gelitten habe.

Fußbad für Pferde.

Dies ist eines der wichtigsten Gegenstände in diesem Buch. Du hast ein Pferd, das steif in den Schultern oder zu Schanden geritten, oder überall lahm ist. Du kannst nicht zu viel Salzwasser anwenden. Im Sommer verwende es kalt; im Winter verwende es so heiß, daß Du eben Deine Hand hineinhalten kannst. Der beste Weg, dem Pferd ein Fußbad zu bereiten, ist ein Kohlenölfaß mit eisernen Reifen zu nehmen und es

Allgemeine Bemerkungen.

ungefähr am dritten Reife abzusägen; das giebt eine gute Bütte zum Fuß=
bad. Fülle es ungefähr zur Hälfte voll Wasser und Salz, so daß die
Flüssigkeit eine Kartoffel trägt; stelle Dein Pferd in einen Stall in die
Ecke und binde es mit am Kopfe befestigten Leitseilen nach jeder Seite hin
an, so daß er nicht herauskommen und sich bewegen kann; dann stelle seine
Füße in die Bütte und babe ihn mit einem Schwamm bis zu den Schul=
tern; denn wenn das Pferd überritten oder lahm in den Schultern ist, so
ist es lahm bis auf den Huf hinunter, weil die Muskelstränge von den
Schultern bis auf die Füße laufen; nachher lege auf die Schultern dicke
Decken und umwickle die Beine mit wollenen Binden, um dieselben in
Schweiß zu bringen. Dies ist fast unentbehrlich in jedem Stalle, zum
Gebrauch des Nachts, wenn das Pferd in den Stall kommt. Steck seine
Füße in die Bütte; nimm eine Fußhacke und kratze allen Dreck aus dem
Fuß aus, und wenn sich das Pferd einen Nagel oder Stein eingetreten
hat, wirst Du ihn sicher finden, und zugleich wirst Du dem Fuß Feuchtig=
keit zuführen, was in Städten, wo Straßenpflaster ist, von großer Wich=
tigkeit ist; denn die Pferde erhalten hier nicht die Feuchtigkeit, wie im
Lande, die ihnen so nöthig ist, um ihre Füße vor dem Zusammenziehen
und vor dem Austreiben und Hartwerden zu bewahren. Ich verwende
noch ein anderes Gefäß, in das ich das ganze Pferd stellen und es ganz
baden kann. Nimm zweizöllige, ungehobelte Planken und nagle sie anei=
nander; dann nimm Werg und mache die Ritzen dicht, und zuletzt peche
die Ritzen aus und Du hast eine gute und billige Badewanne. Das rechte
Maß ist zwei bei fünf Fuß am Boden, acht bis zwölf Zoll tief; die Sei=
tenwände sollten ein wenig schräg gemacht werden, damit das Pferd nicht
so leicht heraustreten kann, und sie das Wasser auffangen, wenn das Pferd
abgewaschen wird. Dies Gefäß kann man im Stall halten. Führe das
Pferd an der einen Seite hinein und an der anderen hinaus, dann kannst
Du um es herum gelangen, um es zu baden. Brauch dies, und Du
wirst sehen, wie viel es dazu beiträgt, Gallen von dem Pferde fern zu hal=
ten, denn aller Schweiß und Dreck wird abgewaschen und die Haut abge=
härtet. Verwende Salzwasser gerade wie im andern Fall. Es giebt noch
eine andere Methode, den Pferdefuß zu baden und einzuweichen, sämmtlich
vermittelst des Badestiefels. Einige nehmen Leder mit hölzernem Boden;
andere ein Drathgeflecht, in das ein Schwamm gelegt ist. Gegen erstere habe
ich, daß sie schnell kaput gehen und schwer an den Füßen zu halten sind,
gegen die letzteren, daß wenn das Pferd seinen Fuß ordentlich auf den

Schwamm setzt, sein Gewicht sofort alle Feuchtigkeit auspreßt. T. O. Furlong in Chicago verfertigt jetzt den einzigen vernünftigen Stiefel, den ich gesehen habe. Derselbe ist aus biegsamem Eisen verfertigt und so eingerichtet, daß er mit Hülfe von Schrauben jedem Fuß angepaßt werden kann. Er ist dauerhaft, billig und wasserdicht, und wirksam gegen Steingallen, Hornspalten, Lähmung, eingetretene Nägel, etc., etc. (Eine eingehende Beschreibung dieses Stiefels findet sich am Schluß des Buches. Mache eine Probe damit.)

Bockige Pferde und Kutscher.

Einige Leute glauben, daß es Pferde giebt, die von Natur bockig sind. Ich glaube das nicht. Es giebt, meiner Ansicht nach, mehr bockige Kutscher, als Pferde, und dies rührt von dem Mangel eines gehörigen Verständnisses der wahren Natur des Pferdes her. Das junge Pferd, in seinem natürlichen Zustand, und ehe es zugelehrt ist, befindet sich in Unwissenheit über das, was der Mensch von ihm verlangt, und muß unterwiesen werden, wie ein Kind, das zur Schule geht, und wenn dies in der rechten Weise geschieht, wird man keine bockigen Pferde haben. Ich habe Leute die Zügel anziehen und das Pferd peitschen und „Ho" rufen, und die Peitsche anwenden und dasselbe Ding thun sehen, um sie vorwärts gehen zu machen. Das ist doch nicht recht! Wie kann ein Pferd wissen, was Du von ihm willst? Andere laden mehr auf, als das Pferd ziehen kann, und peitschen es, wenn es den Wagen nicht aus einem Regenloch ziehen kann, und schimpfen und fluchen, obgleich das Pferd alles thut, was es vermag. Und das Pferd wird dann bockig gescholten, während der Mann es ist, der bockig ist. Geh' und bekomme etwas Pferdeverstand. Behandle ein Pferd, wie Du selbst gerne behandelt sein möchtest. Denk Dir Du selbst würdest müde und setztest Dich hin, um zu ruhen, und Dein Herr käme und thäte Dreck in Deine Ohren oder nehme ein Bundel Stroh und zündete es an, um Dich zum Aufstehen und arbeiten zu bewegen. Was würdest Du denken? Du würdest sehr geneigt sein, ihn über den Haufen zu schlagen, und ich wünsche, einige Pferde würden es thun. Behandle Dein Pferd mit Milde und Freundlichkeit, und Du wirst keine bockigen Pferde haben. Halte Dich selb't im Zaum; lade etwas weniger auf. Klopf' dem Pferde einige Male freundlich auf den Rücken. Das ist viel besser wie Schelten und Peitschen. Versuch's.

Das Pferd.

Das Pferd ist eines der besten und eines der mißhandeltsten Diener, welche der Schöpfer uns zur Benutzung gegeben.
Von der Zeit an wo es genommen und an die Arbeit gestellt oder eingebrochen wird, wird es mißhandelt. Es ist dann ein Kind; es weiß nicht, was Du von ihm verlangst. Wenn Du ihm das Geschirr anlegst und ihm zurufst, anzuziehen, hat es noch keine Erziehung genossen, und doch erwartest Du von ihm, daß es auf Commando gehe, und wie ein altes Pferd ziehen soll, ohne daß es gelernt hat, wie es gemacht wird. Und wenn es nicht gleich gehorcht, wirst Du zornig und nimmst die Peitsche, weil Du denkst, daß alle Pferde durch gehörigen Gebrauch der Peitsche gelehrt werden müssen alles das zu thun, was Du von ihnen verlangst.
Dies, denke ich, ist eines der schlimmsten Fehler, denn wie kann das junge Pferd wissen, weshalb Du es schlägst? Es weiß den Unterschied zwischen „Hüh" und „Hoh" noch nicht; wie sollte es, da es ihm nie gelehrt ist? „Aber," höre ich Jemanden einwenden, „wie kann man eine einfältige Creatur unterrichten?" Ich antworte: In derselben Weise, wie ein Kind. Nimm ein Kind und versuche es zu unterweisen, und jedesmal, wenn es einen Fehler macht, oder nicht thut, was Du sagst, oder was Du von ihm erwartest, peitsche es durch, und was wird die Folge sein? Das Kind würde stets die Peitsche erwarten, und wenn Du sie nicht anwendest, wäre es Dir nicht gehorsam. Ich glaube, daß ein Gleiches bei einem jungen Pferde sich bewahrheiten wird. Behandle es freundlich und lasse es begreifen, daß Du ihm nicht weh thun willst, das wird Dein gehorsamer Diener werden.
Ich finde dies bewahrheitet beim Beschlagen junger Pferde. Wenn

ein Füllen zur Schmiede genommen wird, um beschlagen zu werden, so weiß es nicht mehr davon, daß es dort ist, wie ein Kind das zum ersten Mal in die Schule gebracht wird. Du mußt es ihm zeigen. Laß mich Dir sagen, wie es in New York herging, als ich meine Lehrzeit durchmachte.

Wenn ein Füllen nach der Schmiede gebracht wurde, um zum ersten Mal beschlagen zu werden, so mußte der Eigenthümer vor allen Dingen ein Quart Branntwein besorgen, ehe die Schmiede das Füllen angreifen wollten. Dann hatten das Füllen und der Branntwein zu leiden. Die Tortur beginnt. Das Füllen ist an einem ihm fremden Ort; es hat keine Ahnung davon, wofür es dort ist; es sieht das Feuer und hört das Hämmern, und all' das flößt ihm nothwendiger Weise Schrecken ein. Dann beginnt der Schmied, halb angetrunken, die Arbeit. Das Füllen sträubt sich; der Schmied ruft „Hoh"; das Füllen weiß nicht, was das bedeutet und fährt fort, sich zu sträuben und zu wehren; der Schmied schlägt es mit dem Hammer, aber das hilft nichts, denn das Füllen ist erschreckt. Der Schmied sagt: Verdammt, ich will Dich schon kriegen, und legt ihm die Bremse an die Nase, und drei oder vier starke Männer halten es, während der Schmied die Eisen auflegt, — wie, ist diesem einerlei; irgendwie, nur um das Füllen los zu werden.

So wird das junge Pferd zum ersten Mal beschlagen. Aber wie? Sein Fuß, den der Schöpfer rund oder nahezu rund machte, ist beschnitten und gebrannt, bis er mehr wie ein Kloben oder Bügeleisen, als wie ein Pferdefuß aussieht; und mein Wort dafür, jedesmal, daß es nach der Schmiede kommt, wirst Du genöthigt sein, dieselbe Procedur durchzumachen. Weshalb? Weil das der Weg ist, wie es ihm gelehrt wurde. Und es wird stets so bleiben, bis es umgelehrt wird. Und letzteres läßt sich thun.

Ich freue mich, zu sehen, daß das Volk mehr und mehr die Nothwendigkeit zu begreifen beginnt, das Pferd und die richtige Behandlungsweise desselben zu studiren; und doch giebt es heute noch gar zu Viele, die gedankenlos denselben ausgetretenen Pfad verfolgen, wie ihre Väter.

Ich will Euch sagen, wie ein junges Pferd behandelt werden muß, wenn es beschlagen werden soll. Wenn es zur Schmiede kommt, sollte es von einem alten Pferde begleitet sein. Man binde beide an und lasse sie eine Zeit lang stehen. Dann sollte der Schmied zu ihm gehen und ihm freundlich den Hals klopfen, ihm den Kopf und die Beine reiben, und in wenigen Minuten wird das Pferd dem Schmied fast alles mit ihm zu thun erlauben. Weßhalb? Weil es sich nicht fürchtet.

Niemand beeile sich zu sehr beim Beschlagen eines jungen Pferdes, aber halte auch den Fuß nicht zu lange in die Höhe, denn sonst wird es müde und unruhig. Dann richte den Fuß ordentlich her. Blicke stets zuerst auf den Boden und sieh ob das Pferd gerade steht; wenn es das thut, dann beschneide und ebne einfach die Hufwand; beschneide niemals den Strahl oder die Braces, oder die Sohle, denn wenn Du das thust, so zerstörst Du den Fuß und nimmst fort, was der Schöpfer dort für einen höchst nützlichen Zweck hingethan hat, wie weiter unten eingehender erklärt wird. Wenn der Fuß grade und eben ist, dann mache das Eisen so, daß es auf den Huf paßt. Laß es dem Rande der Wand ganz herum bis zu den Hacken folgen, und kehre nicht, wie Einige thun, nachdem sie bis zu den Seiten gekommen, die Hacken wie ein Bullshorn nach Außen. Dies ist unrecht, weil das Eisen auf die Außenseite der Hackenbekleidung und die Hacken nach innen drückt; und dies ist, glaube ich, eine der hauptsächlichsten Ursachen enger und zusammengezogener Füße, und trägt mehr dazu bei, als irgend etwas anderes. Mache die Eisen so leicht als möglich, biege sie nach unten ein bis nahe den Hacken; dann mache sie flach oder ein wenig nach oben gebogen. Falls Du Eisspitzen verlangst, mache sie möglichst niedrig, denn es ist harte Arbeit für ein Pferd, auf hohen Zehen zu laufen. Mache die Löcher im Hufeisen klein, damit Du kleine Nägel verwenden kannst. Rasple die Hufeisen nicht mehr als nöthig und nie oberhalb des Hufrandes ab, denn sonst zerstörst Du die Emaille oder die Politur, und das Horn wird spröde und brockelig und wird sich zusammenziehen und todt werden.

Das Eisen sollte alle sechs Wochen abgenommen werden, der Huf in gehöriger Weise beschnitten und das Eisen wieder aufgelegt werden; denn der Fuß wird in dieser Zeit so stark gewachsen sein, daß die Hacken des Fußes gegen die Braces stoßen und dadurch großen Schaden thun werden. „Aber," höre ich Jemanden sagen, „verlangen Sie von mir, daß ich mein Pferd das ganze Jahr in der Schmiede stehen haben soll? Und was kostet das mich! Da ist John Smith, der ist der beste Hufschmied, den ich noch gesehen; er macht die Eisen drei, vier und sechs Monate halten. Er ist mein Mann!" Wir werden sehen, ob er es ist oder nicht.

Nicht der ist der beste Mann, der macht, daß der Huf am längsten am Fuß bleibt, sondern der, der den Fuß in guter Ordnung hält und das Pferd leicht laufen macht.

Wir wollen einmal ein Pferd nehmen, das aus Sparsamkeitsrücksichten seine Eisen lange angehabt hat, und wie finden wir es? Es stolpert; die Hufhöhlung und das Fesselgelenk sind wund; seine Kniee sind aus dem Gelenk; es geht stolpernd einher und in kurzer Zeit werden die Beinsehnen sich zusammenziehen und die Lähmung wird sich der Schulter mittheilen. Dein Pferd ist lahm; Du gehst zu einem Thierarzt; er wird das Pferd zur Ader lassen, ihm Zugpflaster auflegen und es in den Stall schicken, und Dir zehn oder zwanzig Dollars dafür abfordern. Und Du giebst Dich zufrieden, weil Du Alles gethan, was Du thun konntest. Du liefst zum Doctor, dem unwissenden Hufschmied, anstatt der Vernunft Gehör zu geben, die verlangte, daß Du Dein Pferd oft beschlagen und den Fuß in gutem Zustande erhalten solltest. Dein Pferd ist dahin. Wer ist Dein Freund? Ist das Sparsamkeit?

Es giebt viele Wege, auf denen der Fuß des Pferdes verdorben werden kann, wenn wir alles glauben wollen, was über den Gegenstand schon gesprochen und geschrieben ist. Einer sagt sofort, wenn ihm ein Fuß mit Anzeichen von Krankheit gezeigt wird: „Ist gefüttert worden, als es erhitzt war, und hat zu viel kaltes Wasser getrunken." Ein Anderer: „Es hat zu viel auf einem harten Boden gestanden." Ein Dritter: „Hat zu viel Maismehl gefressen; Hafer ist besser für Pferde, Mais giebt zu viel Hitze." Aber der echte Pferdekenner ruft sofort aus: „Es hat's Donnerwetter gehabt," was auf gut Deutsch heißt: Es hat zu viel gezogen.

Es scheint beinahe unmöglich, ein Pferd beschlagen zu können, ohne daß der Strahl weggeschnitten wird. Alle Thierärzte, alle anerkannt tüchtigen Hufschmiede stimmen darin überein, daß der Strahl nicht abgestoßen, nicht einmal leicht beschnitten werden sollte. Einerlei, wie biegsam und weich der Strahl ist, beschneide ihn an allen Seiten glatt, und in zwei Tagen wird er trocken und hart wie Knochen sein. Man kann eben so gut alle Blätter von einem Baum herunterschneiden und erwarten, daß derselbe fortkommen soll, wie den Strahl abschneiden und einen gesunden Fuß zurückbehalten. Der rauhe, schwammige Theil des Strahls ist für den Pferdehuf, was die Blätter für die Bäume sind — die Lunge.

Das Pferd.

Der Pferdehuf ist ein höchst wunderbares Stück Maschinerie und erregt weit mehr Staunen und Bewunderung, als die Füße aller andern Geschöpfe. So wunderbar ist er in der That, daß Jemand, der seinen Bau und seine Funktionen nicht eingehend studirt hat, kaum glauben würde, daß der harte, unempfindliche Huf eine so große Menge herrlicher Vorrichtungen enthält, die alle dazu da sind, höchst wichtigen Zwecken zu dienen, und das Pferd dem Menschen so nützlich zu machen. Die Knochen sind gebaut und angebracht mit Rücksicht auf Schnelligkeit, Leichtigkeit und Stärke; Bänder von wunderbarer Widerstandskraft binden sie so fest zusammen, daß eine Trennung fast absolut unmöglich ist, während sie zugleich so genial gelegt sind, daß sie auch nicht im leisesten die merkwürdig schnellen und leichten Bewegungen zwischen den Knochen selbst hindern; elastische Polster und Knorpeln finden sich in den Theilen des Hufes, wo sie am meisten nöthig sind, um denselben gegen Reibung zu schützen, und entschädigen für die Abwesenheit der Zehen, die an den Füßen aller anderen Thiere, der der Pferdegattung angehörigen ausgenommen, gesehen werden. Alle diese Theile sind mit einer lebendigen Membran bedeckt, welche dieselbe wie eine Socke umgiebt, und höchst empfindlich und außerdem mit einem reichen Netzwerk der feinsten Blutgefäße bedeckt ist. Diese Membran giebt dem Fuße den Tastsinn, ohne welchen das Pferd nicht so sicher, noch mit so erstaunlicher Schnelligkeit laufen könnte, und sie liefert auch das Blut, aus welchem der Huf sich bildet. Der Huf selbst, so rauh, unempfindlich und allem Anschein nach kaum irgend welcher Aufmerksamkeit werth, deckt eine Welt von Wundern auf, wenn wir die in seinem Innern zu findenden erschöpft haben. Er ist aus Fasern gemacht, die alle nach einer Richtung dem Boden zu laufen, und diese Richtung ist die beste, um Anstrengung auszuhalten. Diese Fasern sind außerordentlich fein und am härtesten und widerstandsfähigsten an der äußeren Oberfläche; jede derselben bildet eine Stufe, die aus tausenden von kleineren Zellen zusammengesetzt ist, und die so aneinander gelegt sind, daß sie Stärke und Dauerhaftigkeit verleihen, während die hohle Form Leichtigkeit giebt. Jeder Theil des Hufes ist in bestimmter Weise verantwortlich für die Beschützung der in seinem Innern enthaltenen lebendigen Theile. Die Wand ist der Theil, den wir sehen, wenn das Pferd fest auf dem Boden steht. Sie wächst von oben herab, von der Krone aus, und dieses Wachsthum ist stetig, um die Abnutzung zu ersetzen, die am unteren Rande vor sich geht. Die äußere Oberfläche ist im natürlichen Zustande prachtvoll, dicht und glatt, und überhaupt ist die Wand völlig dazu geeignet, der Abnutzung zu begegnen, welche entsteht, auch wenn das Pferd in Freiheit und unbeschlagen umherläuft. Dies ist auch der Theil, auf welchem das Hufeisen ruht, und durch welchen der Schmied die Nägel treibt, welche dasselbe befestigen.

Wenn der Fuß rückwärts aufgehoben wird, sehen wir die Sohle und den Strahl. Die Sohle ist der Theil, der innerhalb der Wand liegt; sie ist in einem guten Fuß leicht gehöhlt, ist dick und stark und mit Blättern von losem Horn bei Pferden bedeckt, die noch nicht unter Behandlung des Schmiedes gewesen sind. Der Strahl ist ein weiches, dreieckiges Stück Horn, das in der Mitte der Sohle, der Hacke zu liegt. Derselbe ist sehr elastisch und dient einem höchst wichtigen Zwecke, indem er als ein Polster dient, um Erschütterung zu verhindern, und das Pferd auch am Ausgleiten verhindert. Die Sohle, der Strahl und der untere Rand der Wand haben alle in Berührung mit dem Boden und losen Steinen zu kommen; deshalb hat die Natur den Ueberfluß von Horn gegeben, um sie stark genug zu machen, das Gewicht des Pferdes zu tragen, der Abnutzung zu widerstehen und die zarten Theile im Innern vor Beschädigung zu schützen.

So lange das Pferd nicht gezwungen ist, auf harten Straßen zu arbeiten, sind seine Hufe für Alles ausreichend, das von ihm verlangt wird. Aber unsere Civilisation verlangt, daß wir gepflasterte und macadamisirte Straßen haben, und auf diesen würden die Hufen schnell abgenutzt werden, namentlich wenn das Pferd schwere Lasten zu tragen oder zu ziehen hätte; und folglich würde sich Lahmheit einstellen. Es ist deshalb, um dies Malheur zu verhindern, absolut nothwendig, den Huf mit Eisen zu beschlagen, ebenso wie wir an Wagenrädern Schienen, an Spazierstöcken Spitzen anbringen. Dies Beschlagen ist ein großer Segen für die Menschheit gewesen, da es das Pferd hundertfach nützlicher, als es sonst hätte sein können, und unabhängig von der Straße gemacht hat, die zu betreten es gezwungen ist.

Die Zahl der durch unvernünftiges Beschneiden und Beraspeln des Hufes, sowie durch zu schwere und zu kleine und schlecht geformte Eisen gequälten und ruinirten Pferde ist unberechenbar. Der Strahl, die Wand oder „Bars" und die Sohle sollten nie beschnitten werden; dieselben blättern ab, wenn sie eine gewisse und richtige Dicke erlangt haben, was ungefähr einmal monatlich geschieht. Und da dieselben mit den Unebenheiten des Bodens und mit den losen, scharfen Steinen, die sich so häufig auf demselben finden, in Berührung zu kommen haben, ist es nicht vernünftig, zu befürworten, daß man dieselben ihren natürlichen Zustand beibehalten läßt? Wer immer die Sohlen oder Braces oder Bars oder den Strahl eines Pferdes beschneidet o er beschneiden läßt, oder wer Dornen am Eisen anbringt, einerlei, ob vorne oder an den Seiten, macht sich einer Grausamkeit gegen das Pferd schuldig, dessen Füße er dadurch verstümmelt. Kein Strahl, kein Fuß; kein Fuß, kein Pferd!

Die Außenseite der Wand sollte nie beraspelt werden. Dieselbe wird dadurch zerstört, dünn und bröckelig. Man sollte sie stets ihre dichte, glänzende, zähe Oberfläche behalten lassen, die so außerordentlich geeignet ist, dem Wetter Widerstand zu leisten und die Nägel zu halten. Da die Wand stets wächst, und da das Eisen verhindert, daß sie sich bis auf ihre natürliche Lage abnützt, so sollte, wenn das alte Eisen abgenommen wird, beim Beschlagen nur das untere Ende dieses Theils des Hufs heruntergeraspelt werden, bis das Uebermaß herunter ist, nicht mehr.

Die Eisen sollten so leicht als möglich sein, und mit nicht mehr Nägeln befestigt werden, als genügt, um sie festzuhalten; auch sollten sie nie länger als vier Wochen auf dem Fuß gelassen werden. Sie sollten völlig die Größe des Umfangs des Hufes haben, und der Huf sollte nie dem Eisen, sondern das Eisen dem Huf angepaßt werden.

Eine richtige und verständige Beschlagungsmethode ist ein Segen für das Pferd und seinen Eigenthümer; die unrichtige Methode, welche den Huf verletzt und die Glieder müde macht, ist für das eine ein Fluch und eine Qual, und für den andern ein Verlust und viel Sorgen.

Werden Pferde zum Beschlagen nach einer Schmiede gebracht, so sollte darauf geachtet werden, daß sie nicht mißhandelt oder abgeschreckt werden, namentlich die jungen Thiere. Durch schlechte Behandlung und Ungeschicklichkeit beim Beschlagen werden sie oft so furchtsam oder auch bösartig, daß man scharfe Maßregeln anwenden muß, um den Schmied beim Beschlagen vor Gefahr zu schützen. Einige wenige freundliche Worte, Klopfen auf die Schulter, Streicheln der Glieder und ein wenig Ueberredung und Locken werden sich tausendmal wirkungsvoller erweisen, um Pferde geduldig beim Beschlagen zu machen, als alle harten Worte und Flüche, Schläge, Bremsen und sonstigen unverständigen und eines Pferdekenners unwürdigen Verfahrungsarten. Ein humaner und intelligenter Hufschmied ist ein Segen für jedes Gemeinwesen; aber einer der barsch ist, nicht beobachtet und nicht darauf aus ist, sich in seiner so hochnützlichen Kunst zu vervollkommnen, ist ein Thierquäler und Zerstörer fremden Eigenthums.

Von Allen, welche mit Pferden zu thun haben, können die Hufschmiede am meisten zum Wohlbefinden dieser guten Geschöpfe beitragen, indem sie den so einfachen Andeutungen der Natur folgen und ihren gesunden Verstand und ihr eigenes Urtheil walten lassen, anstatt der dummen und blinden Routine nachzugehen, die nie vorwärts, sondern zurück bringt. Jeder Freund von Pferden sollte darauf sehen, daß deren Schönheit nicht entstellt und deren Nützlichkeit nicht beeinträchtigt werde durch ein System, das auch dem schwächsten Begriffsvermögen ebenso schändlich erscheinen muß, a's es eine Schande für das Zeitalter ist, in dem wir leben. Je mehr wir des Schöpfers barmherzige Absichten verstehen, je weniger geneigt werden wir sein, dieselben zu vereiteln.

Ich habe Euch gesagt, daß Ihr ein Pferd unterweisen müßt, wie ein Kind, und ich will Euch auch sagen, wie. Wenn ein Füllen zwei bis drei Jahre alt wird, sollten Ihr beginnen, es vorzunehmen, indem Ihr es jeder Zeit liebkost, wenn Ihr Euch ihm nähert. Gebt ihm irgend einen Namen, es wird bald darauf hören lernen; gebt ihm einen Maiskolben, etwas Salz oder Gras, wenn immer es sich Euch nähert, und es wird Euch sehr bald lieben lernen. Dann beginne man nach und nach es daran zu gewöhnen, daß man es umfaßt und seine Beine aufhebt; man lege ihm einen Halfter an und führe es; dann lege man ihm den Stangenzaum an und bringe es in den Hofraum und lehre ihm durch milde Mittel, nicht mit der Peitsche, das Wort „Ho=oh" (Whoa), das wichtigste Wort, das dem Pferd gelehrt werden kann, weil, wenn grade einmal etwas nicht in Ordnung ist, und man ruft „Ho=oh" es stillstehen wird, da es gelehrt wurde, dies zu thun, sobald es ertönte.

Das nächste ist ihm das Wort „Hüh" [engl. "get up" oder "go ahead"] zu lehren. Die Stange sollte hier eine Woche oder zehn Tage lang täglich einmal, aber nur auf kurze Zeit, vielleicht ein oder zwei

Stunden, angelegt werden, damit es nicht übermüdet werde. Dann lege ihm vollständiges Geschirr an und lasse es damit eine Zeitlang auf einige Tage im Hof umher laufen. Dann nimm einen Baumklotz oder eine Schleife, spanne es daran und treibe es im Hofe umher, bis es den Zweck des Gebisses kennen gelernt hat und gehorcht, wenn die Zügel angezogen werden; dann spanne man es mit einem alten Pferde vor einen Schlitten oder Wagen und treibe es langsam, stets im Schritt. Es ist dies eine der wichtigsten Gangarten des Pferdes, ein schneller Schritt; wenn ein schneller Traber oder Renner in ihm steckt, wird sich das schon von selbst zeigen. Nie versuche aus einem Pferde mehr zu machen, als wirklich in ihm steckt, denn das würde sicherlich ein Fehlschlag sein. Und laßt mich noch dies eine sagen: Bei Behandlung junger Pferde halte Dich selbst stets im Zaum; werde niemals aufgeregt. Folge dieser Richtschnur und Du wirst stets gute, gehorsame Pferde haben, mit denen Du sicher irgendwo fahren kannst.

In Bezug auf Arbeitspferde ist reichliches Futter, stetige Arbeit und gründliches Reinhalten mein Wahlspruch. Mein besonderes Bemühen ist, die Pferde trocken abzureiben und rein zu bekommen, ehe sie sich zur Ruhe begeben. Halte einen Eimer mit Salzwasser und einem Quart Essig darin stets im Stalle vorräthig. Bade damit tüchtig die Brust, die Schenkel und den Rücken, trockne gehörig ab und nie wirst Du wunde Pferde haben. Nimm einen Fußhaken, kratze die Hufe damit gehörig aus und wasche sie nachher mit Salzwasser; stecke sie in das Wasser und wasche sie gründlich; Du kannst ihnen nicht zu viel Feuchtigkeit geben. Der Schmutz drängt sich zwischen die Schuhe und den Huf, und wird so hart, wie Eisen, folglich muß er der Fußsohle Schmerzen verursachen; das Wasser weicht den Schmutz auf und der Haken holt ihn heraus. Hast Du Dir nie die Füße gewaschen, ehe Du zu Bett gingst? Versuche es beim Pferde und sieh' zu, ob es nicht „Danke" sagen würde.

Wo Pferde sechs Tage in der Woche zu arbeiten haben, ist gründliche Wartung zu ihrer Gesundheit absolut unentbehrlich. Je stärker sie gefüttert werden, desto wichtiger ist es, sie zu reinigen. Die Meisten brauchen den Striegel zu viel und Besen und Bürste zu wenig. Ich bestehe selbst nicht darauf, aber ich glaube, es würde sich zahlen, dem Pferde, wenn es Mittags in den Stall gestellt wird, das ganze Geschirr abzunehmen und nicht in zu großer Eile zu sein, zum Essen zu gelangen, sondern es trocken abzureiben, dann mit Salzwasser zu baden, und nachher mit einem Tuche gründlich abzutrocknen. Es ist mir fraglich, ob von hundert Farmer einer völlig würdigt, wie viel er durch kränkliche Pferde und dadurch verliert, daß er sie nicht in kräftiger Gesundheit und einem Zustand erhält, in dem sie an Arbeit das Aeußerste vollbringen können.

Recepte.

Thierärztliches.

Ich veröffentliche diese Recepte zuversichtlich, weil ich ihren Werth durch Erfahrung in vollster Weise erprobt habe.

Pferdezucht.

Dies ist einer der wichtigsten Gegenstände dieses Buches — gute Pferde zu züchten. Du hast vielleicht eine Stute, die gelähmt ist; sie taugt nicht mehr zur Arbeit, aber ist von guter Rasse; sie hat Dir mehrere schöne Füllen getragen, und Du magst sie nicht tödten; aber sie ist alt und will nicht mehr tragen. Was sollst Du thun? Du sagst: „Ich habe die besten Hengste zu ihr gelassen, die zu finden waren, und es hat nichts geholfen." Nun, ich denke Dir zeigen zu können, wie man die älteste Stute, und wäre sie zwanzig Jahre alt, zum Tragen bringen und jedes Jahr, ohne jeden Trubel, ein Füllen bekommen kann, vorausgesetzt man folgt meiner Anweisung. Wenn Du eine Stute hast, die, sei es hohen Alters oder, wie Du denkst, Unfruchtbarkeit halber, seit längerer Zeit kein Füllen gehabt hat, die aber noch rossig wird, so untersuche sie, indem Du Deine Hand in die Mutterscheide, die Finger ausgestreckt und nach oben gegen den Rückgrad gerichtet, einführst, bis Du die Mutter oder den Mund der Mutter erreichst. Es ist dies ein kleiner Klumpen von der Größe einer Wallnuß. Dann vergewissere Dich mit Hülfe der Finger, ob die Mutteröffnung geschlossen ist. Ist sie es, so öffne sie vorsichtig und leicht, erst mit einem, dann mit zwei, dann drei Fingern, bis Du sicher bist, daß sie offen ist, und die Mutter den Samen aufnehmen kann.

Auf diese Weise wird jede Stute, die beschält wird, trächtig werden, auch wenn sie es zwei oder drei Jahre lang nicht gewesen ist. Hast Du eine Stute dieser Art und wünscht sie zu Zuchtzwecken zu benutzen, so lasse sie erst untersuchen, und dann bist Du sicher, daß sie tragen wird. Nach der Operation lasse sie ein oder zwei Stunden, und noch besser, wenn es möglich ist, über Nacht stehen, ehe der Hengst zu ihr gelassen wird. Dies schlägt nie fehl.

Trächtige Stuten, Kühe etc.

Alle trächtigen Stuten und Kühe sind ungefähr mit drei Monaten nach Beginn der Trächtigkeit oft einem vorzeitigen Milchzufluß zu dem Euter oder den Milchadern ausgesetzt. Das Euter und die Milchadern schwellen an, beginnen zu schmerzen und werden fieberisch, und wird nicht Hülfe geleistet, treten ernstliche Störungen ein; Geschwüre bilden sich, die aufgestochen werden müssen, und wenn nicht zeitig danach gesehen wird, kann Tod eintreten.

Mittel. — Nimm Weiche-Seifen Salbe, nachdem vorher die Euter oder Milchadern reichlich mit warmer Seifenlauge gewaschen und abgetrocknet sind. Dann rüttle die Eingeweide und Urin-Organe, wenn nicht Abhülfe eintritt. Dies ist immer gut; und babe die Lenden mit Black Oil Liniment, um die Abscheidung zu kräftigen.

Sogenannte Hufknorpeln.

Dies ist ein Klumpen oder eine Verhärtung an der Innenseite des Vorderschenkels oder am oberen Ende des Vorarms, nahe dem Leibe, und wird verursacht, daß sich das Pferd auf das Eisen und den Huf desselben Beines niederlegt. Viele Pferde thun dies aus Gewohnheit, etwa so wie Pferde zu Krippenscheuer [wind suckers] werden. Gegen Krippenscheu habe ich nie ein Mittel finden können; gegen Hufballen brauche ich Zugpflaster und mache den Knorpel rund, so daß das Pferd den Huf anders legt, weil es ihn schmerzt. Das Zugpflaster wird den Knorpel entfernen. Dann wende irgend welche Salbe an, um die Wunde zu heilen, nimm dem Eisen die Haken ab, und auf diese Weise wirst Du das Pferd kuriren und ihm die üble Gewohnheit verleiden.

Zum Brechen schlechter Gewohnheiten.

Die Scheuklappen verhindern, daß die Pferde ordentlich sehen. — Man muß sich klar werden, daß die in allgemeinem Gebrauch befindlichen Scheuklappen, welche die Augen so bedecken, daß es unmöglich wird, den Blick seitwärts und gänzich unmöglich wird, nach hinten zu sehen, diese Folge haben müssen, und wir werden davon sicher überzeugt, wenn wir sehen, daß um des Thieres Furcht vor irgend einem Gegenstand zu überwinden, das erste nächstliegende Mittel ist, demselben ein Verständniß der Erscheinung und Natur des Gegenstandes zu geben. Scheuklappen sind nur dann statthaft, wenn es wünschenswerth ist, die Fehler eines zu großen Kopfes zu verdecken, oder um ein von Natur faules Pferd zu stetigem Gang zu gewöhnen, indem man ihm die Möglichkeit benimmt, zu sehen, wenn die Peitsche gehoben wird. Aber im großen Ganzen möchte ich sagen: Verwende nie die Scheuklappen, es ist zweifelsohne unrecht.

Das Pferd muß den Gegenstand seiner Furcht von verschiedenen Stellungen aus sehen. — Es ist eine der Eigenthümlichkeiten des Pferdes, daß es die Scheu vor einem Gegenstand, der ihm Schrecken eingeflößt hat, nur für die Lage und die Umstände überwindet, in denen dieser Gegenstand zu seiner Kenntniß gebracht wird. Dies scheint daraus hervorzugehen, daß der Verstand des Pferdes zu gering ist, um sich einen Begriff von einem Gegenstand über die unter seine Beobachtung gestellten Lage machen zu können.

Jede neue Veränderung der Stellung verlangt fast ebenso viel Vorsicht und Geduld, wie die vorhergehende. Wenn z. B. man versucht, einem Pferde das Scheuen vor einem Regenschirm abzugewöhnen, und man würde denselben dem Pferde nur von der einen Seite zeigen, so würde es dem Pferde ebenso viel Schaden zufügen, wenn man ihn von der andern Seite zeigte, als es bei seinem ersten Anblick empfand. Auch kann eine Abneigung nur gegen gewisse Gegenstände vorkommen, und der Widerstand wird nur unter gewissen Umständen stattfinden. Es kann einem gelingen, ein Füllen freundlich und gefügig zu machen, wenn man es von der einen Seite lenkt, aber es würde sich wehren, wollte man es von der andern Seite versuchen. Ein zahmes Pferd wurde, als man es zum ersten Male vor ein Deckbuggy spannte und es über die Scheuklappen hinweg einen Blick von dem Verdeck bekam, so erschreckt, daß es vollständig uncontrollirbar wurde und sich losriß und davon rannte. Und doch war es zahm und lenksam vor einem offenen Buggy gewesen. Ein schöner, junger Hengst, der sich um Lokomotiven und anscheinend um gar nichts mehr kümmerte, wurde durch das plötzliche Geräusch einer von hinten herannahenden Maschine, eine Stellung, von wo aus er eine solche nie gesehen, so erschreckt, daß er sich vom Wagen losriß und später nicht nur ausschlug, sowie er das geringste ungewohnte Geräusch hörte, sondern auch keine Lokomotive mehr hören wollte. Das durch die Lokomotive hervorgebrachte Gefühl der Furcht veranlaßte das Ausschlagen, und weil dadurch seine Füße mit den Schwengeln in Verbindung kamen, so vermehrte dies seine Furcht, indem er den Wagen mit der Lokomotive verwechselte.

Eine feurige, aber sanfte Stute wurde nach einer Schmiede genommen; der Schmied schlug sie zwei oder dreimal mit dem Hammer, weil sie nicht, wie er es haben wollte, stand oder den Fuß reichte. Dies versetzte die Stute in so großen Schrecken, daß sie den Anblick einer Lackschürze nicht ertragen konnte, noch Jemandem erlauben wollte, ihre Füße zu fassen. Auch habe ich häufig Beispiele von Pferden gefunden, welche einspännig lenkbar waren, aber unlenkbar und bösartig, wann mit anderen Pferden zusammengespannt, und umgekehrt.

Diese Eigenthümlichkeiten machen die von der Erfahrung erwiesene Nothwendigkeit klar, daß man den Pferden ein Verständniß der Gegenstände, die sie erschrecken können, von jeder Seite und in jeder Weise, in welcher dieselben vor seinen Gesichtskreis gebracht werden können, beibringen muß.

Wenn z. B. ein Pferd sich angespannt vor einem Regenschirm fürchtet, so kann es in seinem Zustande gelehrt werden, sich nichts daraus zu machen; aber wenn man es nicht lehrt, die Natur des Regenschirmes in angespanntem Zustand zu verstehen, so würde es dadurch eben so sehr erschreckt werden, als wenn es nie einen Schirm gesehen.

Dies scheint vielen wohlwollenden Leuten ein Räthsel zu sein, und ist oft die Ursache von viel Aerger.

Ein Pferd, das sich vor einem Regenschirm fürchtet, wird auf den Hof gebracht, um ihn mit dem Dinge bekannt zu machen. In ganz kurzer Zeit wird das Pferd sich den Regenschirm vor, über und neben sich halten laffen, ohne anscheinend irgend wie sich darum zu kümmern. Der Eigenthümer wiegt sich im Glauben, daß das Pferd gebrochen ist; aber wenn er neben dem vor den Wagen gespannten Pferde später einmal den Schirm aufmacht, findet er, zu seinem Erstaunen, daß dasselbe so schlimm ist, wie früher, und natürlich verdammt er die Instruktion als überflüssig; und ohne weiteres Nachdenken wird die Sache allerdings derartig erscheinen.

Aber wenn man sieht, daß es erstens nöthig ist, die Lektion jeden Tag ein paar Mal zu wiederholen, zuweilen Tagelang, um den Eindruck der Harmlosigkeit des Gegenstandes bei dem Pferde zu befestigen, und daß es zweitens nöthig ist, dem Pferde ein gleiches Verständniß des Gegenstandes in angespanntem Zustande beizubringen; daß ferner die Erwartung, einem Pferd durch eine einzige direkte Lektion eine schlechte Gewohnheit abzugewöhnen, nur dazu dienen muß, den Ersatz zu verhindern; denn ohne die Fähigkeit, das Pferd zu controlliren, wird jeder Versuch, ihm den Gegenstand seiner Abneigung aufzuzwingen, nur größeren Widerstand hervorrufen, weil es gelehrt ist, in noch höherem Grade der Controlle zu widerstehen, und das Gefühl der Freiheit stets dazu beiträgt, die Kraft des Thieres vor unbekannten Gegenständen zu vermehren. Die Bemühungen des Eigenthümers, das Pferd direkt unter Controlle zu bekommen, und von einer so unvortheilhaften Stellung aus, können gerade die Resultate herbeiführen, und dann hält man es hinterher für unmöglich, das Pferd gehen zu machen, weil man die Ursachen des Fehlschlagens nicht versteht.

Der Hauptpunkt des Erfolges behufs Ueberwindung nervöser Empfindsamkeit liegt in dem Takt zu verhindern, daß das Pferd überhaupt erschreckt wird, und wenn dies dennoch geschehen ist, es den Gegenstand, so weit Umstände und Gelegenheit es gestatten, sehen zu lassen, und ihm beizubringen, daß derselbe harmlos ist.

Man lasse es den Gegenstand sehen, und bringe ihn in verschiedenen Richtungen vor seine Augen, und vor Allem muß die Lektion Tag für Tag wiederholt werden, so lange das Thier irgend welche Furcht vor der Sache zeigt. Sonst wird die Mühe vergeblich sein, und das Pferd furchtsamer und unlenkbarer werden, als früher.

Das Verhalten alten Pferden dieser Art gegenüber, ist thatsächlich dasselbe, wie bei Füllen, und der einzige Unterschied liegt in dem größeren

Nachdruck, der nothwendig ist, um die außerordentliche Widerstandskraft zu überwinden, welche große Furcht verursachen kann. Ein durch große Furcht vor irgend einem Gegenstand erregtes Pferd wird nicht nur mit der ganzen Energie der Verzweiflung versuchen, sich zu befreien und loszukommen, sondern in höchst bösartiger Weise kämpfen. In der That, ich betrachte ein Pferd, das von außerordentlicher Furcht vor einem Gegenstand überkommen ist, als das in gewisser Hinsicht gefährlichste Thier, mit dem wir es zu thun bekommen können. Jeden Augenblick ist es bereit, seine ganze Stärke in den Kampf um Freiheit einzusetzen, und wenn man es nahe dem Gegenstande festhält, wird es nach demselben mit der Tollheit der Verzweiflung schlagen. Das Brechen dieser Pferde sollte so hart wie möglich gemacht werden durch gründliches Trainiren mit Seil und Halfter. Man ziehe den Strick so stramm als möglich an. Das Pferd wird dadurch so außer Fassung gebracht und unfähig gemacht werden, sich zu regen, daß es weder seine Aufmerksamkeit ganz auf den Gegenstand concentriren, noch seinem Maul widerstehen kann. Ist ein Regenschirm, eine Decke oder irgend etwas derartiges der Grad seiner Furcht, so können dieselben jetzt ihm langsam nahe gebracht und wie vorher beschrieben ihm nach und nach an Kopf, Hals und Nüstern gehalten werden.

Sollte das Thier nicht nur außerordentlich nervös, sondern bösartig sein, so binde den Kopf an den Schwanz, wie gegen Krippensetzen u. s. w., und halte das Pferd in Bewegung, bis Widerstand unmöglich ist, und während es gebunden ist, zwinge es dazu, sich an den Gegenstand zu gewöhnen; ihm erst allmählig größere Freiheit gebend, und wiederhole die Lektionen so oft als nothwendig erscheint. Wenn ein Verdeckwagen die Ursache der Furcht ist, so erlange völlige Controlle des Maules mit dem Seilhalfter und ziehe das Pferd allmählig an den Wagen heran, den man klappern läßt u. s. w.; dann bringe es zwischen die Deichsel, drehe es wieder nach dem Wagen herum, bewege die Gabel auf und nieder, schlage das Verdeck auf und zu u. s. w., und wiederhole die Lektion nach Bedürfniß. Wenn das Pferd vor den Wagen gespannt ist, sollte das Verdeck herabgeschlagen und die größte Vorsicht mit Bezug auf starkes Geschirr und beim Anspannen angewandt werden, und um gegen jeden möglichen Widerstand oder Unfall gesichert zu sein, befestige man eine Struppe an einem oder beiden der Vorderfüße, und leite die Enden über das Rückenkissen bis zum Wagen, und halte sie mit dem Zügel. Ein solches Pferd, muß man bedenken, ist stets darauf aus, los zu kommen, und da es nicht immer möglich ist, es mit den Zügeln zu halten, so wird der Vortheil, es vermittelst der Füße zu controlliren, unentbehrlich. Das Pferd muß dann in Bewegung gesetzt und gezwungen werden, mit aufgeschlagenem oder herabgeschlagenem Verdecke, sich der Controlle zu unterwerfen, bis es nichts mehr davon weiß und völlig lenkbar geworden ist.

Huffalbe.

Gegen empfindliche Füße, Risse im Huf, Hufzwang u. f. w.: Rohes Leinöl oder reines Klauenfett, je ein halbes Pint; Terpentin, vier Unzen; Theeröl, sechs Unzen; wilden Majoran, drei Unzen. Alles wohl durchgeschüttelt und den Huf einmal täglich auf Außen- und Innenfläche mit reichlich einer Unze bestrichen. Die Einreibung sollte Abends geschehen, nachdem man zuvor den Huf rein gewaschen und abgetrocknet hat. Das Mittel hilft besonders in Fällen, wo längere Lahmheit und Sehnen-Zusammenziehung eingetreten ist. Es durchdringt die Hornmasse und zieht den Krankheitsstoff heraus. Während der Behandlung darf das Pferd nur mäßig zur Arbeit herangezogen werden.

Schwarzes Oel Liniment.

Ein halb Pint Terpentin-Spiritus, ein Pint rohes Leinöl, eine halbe Unze Vitriolöl, vier Unzen Hirschhorn-Tinktur, eine halbe Unze Wermuthöl. Alles, mit Ausnahme des Vitriols, gleichzeitig durcheinander gemischt, dann das Vitriol hinzugesetzt, worauf man die Masse mit einem Stiel von Nadelholz umrührt, bis sie wieder erkaltet ist, denn beim Zusatze des Vitriols wird sie sich erhitzen. Die Mischung verwahre man in einem Steinkruge, nie in einem Bleigefäß, hüte sich auch etwas davon verschlucken zu lassen. Ich halte dieses für eines der besten Heilmittel, die es geben kann, und habe es seit länger als fünfundzwanzig Jahren angefertigt und benutzt. Bereits im Jahre 1856 verkaufte ich das Recept an einen Geschäftsmann in Cedar Rapids, Jowa, für fünfzig Dollars. Ich halte die Mischung stets vorräthig und habe große Mengen davon abgesetzt. Bei Pferden heilt es die Nackenfistel, wenn es bei deren anfänglichem Auftreten angewandt wird, während dieses Uebel tödtlich verläuft, wenn man es vernachlässigt, bis sich Eitergänge gebildet haben. Rechtzeitig benutzt, heilt das Mittel binnen sechs Wochen und läßt keine Narbe zurück. Nähere Anweisung über seine Verwendung werden weiter unten folgen. Es heilt steife Gelenke, schlimme Schultern, geschwollene Fesselgelenke, zusammengezogene Sehnen, Schrammen, Gallen, Hautrisse, Quetschungen u. s. w. In Familien ist es fast unentbehrlich als Mittel gegen Verrenkungen, Schnitte, Quetschungen, aufgesprungene Hände u. s. w. Bei Salzfluß, Rheumatismus oder in allen anderen Fällen, wo Einreibungen angewendet werden, hat es nie die Wirkung versagt.

Schulter-Lahmheit.

Man veranlasse einen Gegenreiz, indem man etwa fünf Zoll unterhalb des Widerrists am Schulterblatte einen Einschnitt macht, fasse dann mit Daumen und Zeigefinger jeder Hand die Haut zu beiden Seiten des Einschnittes und ziehe sie auseinander, so daß Luft eintreten muß. Dann presse man durch Reiben und Drücken die Luft, so daß sie sich unter der Haut über das ganze Schulterblatt vollständig vertheilen muß. Nunmehr reibe man einmal täglich und zwar stark und reichlich mit dem Liniment von schwarzem Oel ein. Nun wasche mit Wasser, darin eine kleine handvoll Salz gelöst ist, und dem ein Quart starken Essigs zugesetzt wurde. Diese Waschung nehme man des Morgens, die Einreibung mit Liniment des Abends vor. Die Heilung wird in allen, selbst veralteten Fällen eintreten. Das Pferd darf nur mäßig zur Arbeit genommen werden.

Hufzwang und weicher Huf.

Ursache: Huf-Entzündung, Verletzung der Fleischsohle, scharfer Kies, Hühneraugen u. s. w.

Merkmale: Die Füße sind heiß, Huf und Strahl trocken, hart und zusammengezogen.

Behandlung: Man nehme das alte Hufeisen ab, wirke den Huf gleichmäßig aus, daß er eine Fläche bildet, oder an den Zehen ganz wenig vertieft ist, schneide aber keinenfalls in den Strahl oder die weiche Hornmasse, lege dann ein breites Eisen an, leicht am Vorderhuf, schwer am Hinterhuf, am Vorderhuf und den Seiten ausgehöhlt, nach hinten gewölbt. Man trage Sorge, daß dasselbe genau und gut angepaßt und hinten nicht zu fest aufgeschlagen werde; einen Nagel in den Vorderhuf, die übrigen ziemlich weit vorn an den Streben, das Eisen muß an den Ballen so weit als möglich auslegen und nach hinten sehr weit herumgehen. Man verwende kleine Nägel und richte das Eisen alle vier Wochen wieder zurecht, halte das Horn geschmeidig, und in kurzer Zeit wird man finden, daß mein System gut ist.

Verhärtete Hufmasse.

Nimm Salzsäure und Antimon=Butter, von jedem zwei Unzen, dazu eine Unze gepulvertes, weißes Vitriol. Mische es, hebe den Fuß auf und gieße ein wenig davon auf die Sohle. Braucht nur ein oder zwei Mal wöchentlich angewendet zu werden, so oft das Thier hinkt. Es verzehrt die abgestorbene Hufmasse und neue tritt an ihre Stelle. Man fürchte sich nicht vor der Anwendung, es hat sich wohl bewährt.

Hornkluft, geschwollene Ballen.

Ursache: Ueberfütterung, Mangel an Bewegung, Stehen in schmutzigen Ställen.

Die Merkmale sind wohlbekannt: Ausscheidung scharfen Eiters aus dem Hufstrahl, Anschwellung des Letzteren und mitunter des ganzen Hufes; in diesem Falle tritt leicht der Tod ein.

Behandlung: Man reinige den Fuß gründlich mit warmem Seifenwasser und spüle mit Essig und Wasser, zu gleichen Theilen gemischt, nach, dann wende man einmal täglich das schwarze Oel Liniment an. Ebenso muß der Fuß täglich gewaschen werden. Man wirke den Huf etwas tiefer aus, als man vor dem Beschlagen thun würde, und thue dies namentlich am Hinterfuße, damit sich dieser auseinander giebt. Während der Behandlung halte man das Thier etwa zwei Wochen lang in einem Stalle mit reinem, trockenen Fußboden und Genesung wird eintreten.

Seifen=Salbe.

Ein halbes Pfund Harz, ein halbes Pfund Wachs, Hammel=Talg ebensoviel, Kampherharz vier Unzen, flüssige Seife sechs Unzen. Die erften brei Stoffe löfe man in einer Pfanne zufammen auf, füge bann, während fie fich abkühlen, die übrigen hinzu, bringe die Mifchung in eine Blechkanne und halte fie dicht verfchloffen. Dies ift eine der beften Salben für den allgemeinen Gebrauch, die man kennt. Gegen fchmerzhafte Gefchwülfte jeder Art, entzündete oder angefchwollene Brüfte, um die Gefchwulft auseinander zu treiben, ift fie unfchätzbar. Ebenfo gegen die Gefchwulft oder Verhärtung von Kuheutern. Man wafche das Euter und reibe es drei oder vier Mal mit der Salbe ein, fo wird die Gefchwulft verfchwinden. Auch bei Schnitt= oder Brandwunden an Kindern ift fie außerordentlich heilfam. Bereitet und benutzt fie und Ihr werdet Euch überzeugen.

"Green Mountain" Salbe.

Nimm: Harz, zwei und ein halb Pfund, Burgunder Pech, Hammel= Talg, Bienenwachs, zwei Unzen von jedem, Schierlingstannen=Oel, Fichtenbalfam, Majoran=Oel, Rothceder=Oel und Venetianifchen Ter= pentin, von jedem eine halbe Unze, Wermuth=Oel ebenfoviel, fein gepul= verten Grünfpan, eine Unze. Die zuerft genannten Dinge fchmelze man mit einander und fetze dann die verfchiedenen Oele hinzu, nachdem man zuvor den Grünfpan mit ein wenig Oel verrieben hat. Den Grünfpan fetze man fo, während die Maffe fich abkühlt, diefer hinzu. Dann nehme man das Ganze heraus, mache Stengel, wie die von Molaffezucker, daraus und halte fie zum Gebrauch bereit.

Ein mildes, allgemeines Liniment.

Klauenfett: ein Quart, Terpentin=Spiritus: ein Pint, Ammoniac= Waffer: 2 Unzen, Wermuth=Oel: eine Unze, rohes Petroleum: ein hal= bes Pint. Wohl zu mifchen und vor dem Gebrauche umzufchütteln.

Bei frifchen Wunden.

Man ftille zunächft das Blut, indem man Arterien unterbindet, oder folgende Flüffigkeit anwendet: Salpeterfaures Silber: vier Unzen, und eine Unze Regenwaffer. Man wafche damit die Wunde und nähe dann die Ränder mit Stichen, die je einen Zoll von einander entfernt find, zu= fammen, wafche dann die Umgebung rein, und follte fich nach Verlauf von 24 Stunden eine Geschwulst zeigen, drücke man das Blut aus und mache eine Einreibung mit schwarzem Oel-Liniment. Man halte den Leib offen.

Rähe.

Merkmale: Das Thier ist steif, seine Füße sind heiß, es zittert häufig und ist durstig.

Behandlung: Man nehme die Eisen ab, wirke an dem Vorderhufe das Horn bis fast auf die Zehen ab, bis beinahe Blut fließt, dann lasse man die Zehe tüchtig ausbluten. Die Eisen lege man bis zum folgenden Tag nicht wieder auf, denn wenn das Thier nicht besser wird, mag es nöthig sein, ihm noch mehr Blut aus der Zehe zu entziehen. Manche thun dies an anderen Körperstellen, aber in allen Fällen von Rähe sammelt sich das Blut in den Füßen an und ich meine, daß man es von dort entziehen sollte. Demnächst gebe man Folgendes: Eine halbe Unze Aloe, vier Drachmen Gummi Guttä, eine halbe Unze Sassafras-Oel, hieraus forme man eine Pille, gebe darnach so viel Sassafrasthee, als das Thier nur saufen mag, bade häufig seine Beine mit warmem Wasser und reibe sie trocken. In zwei bis drei Tagen wird Genesung eintreten.

Huf-Salbe.

Nimm: Harz: vier Unzen, Bienenwachs: sechs Unzen, Schmeer: ein Pfund; schmelze es ineinander und schütte die Masse in einen Topf mit drei Unzen Terpentin, zwei Unzen fein gepulvertem Grünspan und einem Pfund Talg. Rühre die ganze Masse durcheinander, bis sie abgekühlt ist. Das Mittel macht den Huf geschmeidig und hält ihn gesund, bewährt sich auch bei Rähe und Knollhuf.

Abführ-Pillen.

Eine halbe Unze Aloe, vier Drachmen Gummi Guttä, zwanzig Tropfen Wachholder-Oel knete man mit einigen Tropfen Molasse zu einer Kugel zusammen, wickele diese in dünnes Papier und öle sie. Ziehe die Zunge des Pferdes mit der linken Hand hervor, lege einen Knebel in sein Maul, schiebe die Kugel so tief in den Schlund, bis sie verschluckt ist, dann reiche man dem Thiere ein wenig Wasser. Vor und nach dem Gebrauch gebe man etwas Kleiensaufen.

Das magerste Pferd fleischig zu machen.

Nimm: Salpetersäure zwei Drachmen, Saleratus zwei Unzen, Salpeter drei Unzen, schwarzen Antimon drei Unzen, Assafoetida drei Unzen, mische Alles und gieb zwei Wochen hindurch bei jeder Abfütterung einen Eßlöffel voll in das Futter und das Pferd wird fett sein, wenn nur sonst es gut gepflegt und gefüttert wird.

Ueberbein, Spat, Splint, Gelenkgeschwulst, Windgallen.

Behandlung: Majoran-Oel, Jod-Tinktur, Steinöl, Kampher-Tinktur, Terpentin-Spiritus, Kanthariden-Tinktur, ätzendes Sublimat, Ceder-Oel, Croton-Oel, Euphorbiumharz — von jedem eine Unze mit zehn Unzen Schweinefett gemischt. Dann schneide das Haar ab, so weit die kranke Stelle sich erstreckt, und reibe dieselbe leicht mit der Salbe ein und zwar drei Tage hinter einander einmal täglich. Dann setze drei Tage hindurch aus und salbe dafür mit Kastor-Oel, um die Haarwurzeln zu erhalten, wasche die Stelle mit Seife und Wasser und beginne von vorn. Nach Fortsetzung des Verfahrens 24 Tage lang wird das Pferd nicht mehr lahmen, die Geschwulsten werden beseitigt sein, wenn sie nicht auf dem Knochen selbst wurzeln.

Weiße Salbe.

Gegen Rheumatismus, Verrenkungen, Schnitt- oder Brannwunden, Anschwellungen, Quetschungen oder Entzündungen an Mensch oder Vieh, gegen aufgesprungene Hände oder Lippen, Schläge in die Augen und alle ähnlichen Verletzungen gebrauche man: Frische Butter zwei Pfund, Jod-Tinktur eine Unze, Majoran-Oel zwei Unzen. Mische Alles fünfzehn Minuten lang gut durcheinander und es ist zum Gebrauch fertig. Man wende es jeden Abend an und reibe es tüchtig mit der Hand ein. Wenn es beim Menschen gebraucht wird, lege man nach dem Einreiben warmen Flanell auf die Stelle.

Zug-Salbe.

Ein halbes Pint Alkohol, ein halbes Pint Terpentin, vier Unzen Ammoniac-Wasser, eine Unze Majoran-Oel gemischt. Man schneidet an der Stelle, wo die Salbe gebraucht werden soll, das Haar ab und wendet sie alle drei Stunden an, bis sie Blasen zieht. Man wiederhole dies alle acht Tage, wenn öfter, werden die Haarwurzeln getödtet.

Kolik.

Merkmale: Das Pferd liegt am Boden, springt aber oft auf, seine Flanken fliegen, Ohren und Beine sind kalt.

Ursache: Zu viel kaltes Wasser erhalten, das Futter gewechselt, eine große Masse Säure im Magen.

Behandlung: Man nehme Laudanum eine halbe Unze, Schwefel-Aether eine Unze, ein Pint lauwarmes Wasser. Man flöße dem Thiere die Mischung ein, und wenn nach 40 bis 50 Minuten keine Besserung eintritt, muß eine Ader geschlagen werden, dann wiederhole man die Gabe. Während der Krankheit darf das Pferd nicht zum Laufen gezwungen werden.

Warzen an Pferden zu beseitigen.

Ammonia Muriata zwei Drachmen, gepulverte Nadelbaum-Rinde eine Unze, Schweinefett zwölf Unzen. Mische es gut und es ist fertig zum Gebrauch. Reibe täglich die Warzen damit ein und in kurzer Zeit werden sie vergehen.

Geschwollene Beine.

Sie erscheinen in Folge einer äußeren, stumpfen Verletzung oder wegen Unthätigkeit des Blutsystems, und stellen ein wassersuchtartiges Leiden der Beinmuskeln dar.

Behandlung: Man wende alle drei bis vier Stunden die Zugsalbe an, bis Blasen entstehen; nach Verlauf von sechs Stunden reibe man mit irgend einem weichen Oele ein. Nach acht Tagen wasche man die Stelle mit warmer Seifenlösung rein und beginne mit der Behandlung von vorn. Wenn solches in dieser Weise drei oder vier Mal fortgesetzt ist, greife man zu der weißen Salbe; sollte diese nicht wirken, nehme man die Spat=Medizin.

Läuse zu vertreiben.

Nimm vier Unzen indische Coculus und siede sie während 30 Minuten in zwei Quart Essig, dann wasche damit das Thier an Stellen, wo Läuse oder Nüsse sitzen können, sie werden in einer Stunde todt sein.

Fisteln.

Um ihr Ausbrechen zu verhindern, nehme man täglich zwei Mal reichliche Einreibungen mit schwarzem Oel=Liniment vor und drücke dabei gut mit der Hand auf. Sind die Stellen aufgebrochen, wasche man sie sorgfältig mit warmem Seifenwasser aus und spüle mit einer gleichtheiligen Mischung von Essig und Wasser nach, endlich trockne man sorgfältig auf. Zwei Mal täglich wende man dann das schwarze Oel=Liniment an und Heilung wird sicher eintreten, selbst wenn sich schon Eitergänge gebildet haben sollten. Narben werden nicht bleiben.

Blaue Salbe.

Nimm eine halbe Unze Grünspan, eine Unze blaues Vitriol, vier Unzen Harz und eine Unze Terpentin=Spiritus. Alles wird fein durcheinander gemahlen und gut mit einem Pfund Schweinefett gemischt, so ist es fertig zum Gebrauch. Die Salbe ist gut zur Verwendung, nachdem die Zugsalbe zuvor benutzt wurde und gegen Geschwüre überhaupt.

Maulsperre.

Nichts hat so sehr der Kunst der besten Aerzte gespottet, als diese Krankheitserscheinung, sowohl bei Menschen, als bei Thieren.

Vor länger als 30 Jahren lernte ich von Dr. Menso White in Cherry Valley, New York, folgendes Mittel kennen, und es hat sich noch immer bewährt, wenn es sorgfältig angewendet wurde. Die Ursache ist gewöhnlich Zutritt der Kälte in eine Wunde. Das erste Erforderniß ist Blutentziehung, bis der Kranke Zeichen von Entkräftung äußert und die Gliedmaßen schlaff werden. Die Wunde muß mit warmer Seifenlösung gewaschen werden, dann nehme man starken Blättertabak, brühe ihn in heißem Wasser und mache damit Umschläge, die man auf die Wunde bindet. Die Lappen müssen stets feucht und warm gehalten werden, sie können gar nicht zu oft mit dem Tabackswasser getränkt werden. Hierauf nehme man trockenen Rauchtaback, lege ihn in eine Pfanne, zünde ihn an, blase mit einem Blasebalge oder einem Pfeifenrohre hinein und halte die Pfanne unter die Nase des Thieres. In kurzer Frist werden sich seine Kinnbacken öffnen, dann lege man einen Knebel dazwischen. Man reiche dann alle sechs Stunden zwei Unzen Assafötida und eine Gabe abführender Pillen. Hilft dies Alles nicht, so war überhaupt keine Rettung möglich. Wenn keine Wunde zu finden ist, so lege man einen großen Tabackswasser=Umschlag über den Rücken und die Flanken, darüber zwei oder drei warme Decken, reibe die Glieder mit starkgesättigter, heißer Salzlösung und wende dann den Tabacksrauch an. Bei Menschen verfahre man ähnlich, nur verwende man eine mit Taback gefüllte Thonpfeife, vermittelst deren man den Dampf in das Gesicht des Kranken bläst. Der Zweck ist, dem ganzen System Erleichterung zu verschaffen.

Sichere Kur der Hämorrhoiden.

Aeußere Anwendung: Man nimmt die innere Rinde der Weißeiche, kocht sie, drückt sie aus und koche sie von Neuem aus, bis man ein halbes Pint sehr dicken Extraktes hat, dann setze man ein halbes Pint des ältesten Speckes, den man ausgebraten hat, hinzu, koche es durcheinander, bis es sich bei dem Erkalten innig vermischt hat, dann führe man von der Masse jeden Abend mittelst des Fingers durch den After ein, bis Heilung eingetreten ist. Man verwende große Aufmerksamkeit, daß dem Thiere keine schwer verdauliche oder aufregende Nahrung gereicht werde. Obiges Mittel heilt sicher blinde, wie blutige Hämorrhoiden in allen Fällen und mehr oder weniger kurzer Zeit.

Splint= und Spat=Liniment.

Man nehme eine weithalsige Flasche und thue hinein: Majoran=Oel sechs Unzen, Kampherharz: zwei Unzen, Merkurialsalbe: zwei Unzen, Jodsalbe: eine Unze, schmelze es zusammen, indem man die Flasche in einen Kessel mit heißem Wasser setzt. Bei Hufspat oder bei Splint wende man es vier bis fünf Tage lang zweimal täglich an; die Lahmheit wird vergehen. Versucht dies Mittel, es allein ist zweimal so viel werth, wie der Preis dieses ganzen Buches.

Buches Tropfen, zu machen, daß ein Pferd auch anhänglich ist.

Ergreife des Pferdes Geschröte, oder Ruthe oder die Warze, die sich an der inneren Seite des Hinterschenkels befindet, kratze ganz sanft daran, gieb ihm ein kleines Stück Zucker, Apfel oder Kartoffel oder thue Kümmelöl in ein Fläschchen, gieße ein paar Tropfen in deine Hand und gieb ihm davon ein wenig auf die Nase oder die Zunge, Rhodium-Oel kann man in derselben Weise benutzen. Verwahre jedes Einzelne in besonderen, luftdicht geschlossenen Flaschen, brauche aber nie mehr, als acht Tropfen auf einmal. Gieße ein wenig Kümmelöl in die Hand und gehe auf der Windseite des Pferdes in das Feld, das Thier wird sich fangen und festhalten lassen.

Abführmittel für Rindvieh.

Barbadoes-Aloe: zwei Drachmen, Weinstein-Kali (Potassa-Tartrat): eine halbe Drachme, Ingwer und venetianische Seife: jedes eine Drachme, Anis- oder Pfefferminz-Oel: zehn Tropfen, Glaubersalz: acht Unzen. Löse Alles zusammen in Haferschleim auf und gieb es zu saufen. Soll das Mittel beim Pferde angewendet werden, so nimm von allem Obigen die doppelte Menge, ausgenommen an Salz und mache eine Pillenkugel daraus. Ehe man einem Pferde das Abführmittel giebt, muß man ihm wenigstens zwei Tage lang statt Mais oder Hafer abgekochtes Kleiensaufen geben, dazu Wasser, das eine Zeit lang in der Wärme gestanden hat. Während der Behandlung fahre man mit dieser Ernährung fort. Sollte das Mittel binnen 48 Stunden nicht wirken, gebe noch einmal eine halbe Gabe davon.

Laune.

Merkmale und Behandlung: Wenn man glaubt, daß ein Pferd an der Laune leidet, ist aber nicht gewiß, so knete man Kleie mit schwacher Lauge zusammen. Ist diese nicht zu stark, so wird es reichlich davon fressen. Ist das Uebel vorhanden, wird bald reichlich Schleim aus den Nasenlöchern fließen und die Folge wird eine gründliche Kur sein, wenn man diese Behandlung ein paar Tage fortsetzt. Wenn blos eine Erkältung vorliegt und die Mandeln angeschwollen sind, wird man dagegen keine Veränderung wahrnehmen.

Um den verlorenen Appetit bei Pferden und Rindvieh herzustellen.

Nimm vier Quart feinpulverisirte Holzkohle, ein halbes Pfund Salpeter und ein Pfund Schwefel. Mische es und thue davon jeden Morgen zwei Eßlöffel voll in das Schneidefutter, bis das Thier gesund ist.

Ein anderes Mittel.

Eine Unze Brechnuß-Tinctur, eine Unze Enzian-Tinctur. Davon gieb jedesmal zwei Drachmen in zwei Unzen Wasser. Bringe diese Mischung täglich mit flüssigem Futter, mittelst einer Spritze dem Thiere ein.

Fichten-Theer.

Ein paar Worte über Theer und seinen Gebrauch. — Jeder, der ein Pferd hält, sollte dieses Mittel in seinem Stall halten. Warum? Weil es gut ist gegen Risse, Schnitte, Quetschungen u. s. w. Im Sommer ist es das Beste für den Pferdehuf, wenn man es, mit ein wenig heißem Talg vermischt, aufstreicht. Es fördert das Wachsthum des Hufes und hält ihn gesund und geschmeidig. In Fällen von Verletzungen hält es die Kälte und den Schmutz ab und befördert selbst die Heilung. Kauft Euch welchen! Jeder Hufschmied sollte ihn besitzen und einen gesprungenen Huf damit bestreichen, ebenso die kranken und zusammengezogenen Fesselgelenke mit einem geringen Zusatze von Talg.

Warzen bei Menschen zu entfernen.

Nimm eine Viertel-Unze Ammoniac-Salz, eine Unze Regenwasser und löse das Salz auf. Wasche die Warze häufig und sie wird in wenigen Tagen schmerzlos vergehen. Niemals schneide man Warzen.

Schlimme Augen.

Bleizucker: eine halbe Unze, Hutzucker: eine Unze, feines Salz: eine Unze, Regenwasser: ein Pint. Mische es und schüttle vor dem Gebrauche tüchtig um. Wasche das Auge ringsum sorgfältig und hüte dich, daß nichts von der Flüssigkeit eindringe. Das Mittel heilt alle bedenklichen Fälle, auch bei den Menschen.

Ein anderes Augenwasser.

Bleizucker, Zink-Sulphat, blaues Vitriol, Alaun und Kochsalz, eine Drachme von jedem, Epsomsalz: zwei Unzen; Alles in einem Quart Regenwasser gemischt. Damit wasche man täglich die Augen, bis Heilung erfolgt. Ein Mittel, gleich gut für Menschen und Thiere.

Augensalbe.

Nimm eine Muskatnuß und schabe sie sehr fein, mische das Pulver mit einem großen Eßlöffel voll Schweinefett und schmiere damit die Höhle über den Augen zweimal täglich ein; dieselben werden in zehn oder zwölf Tagen gesund sein.

Lungen-Fieber.

Merkmale. Das Pferd beginnt zu frösteln, darauf bricht ein kalter, klebriger Schweiß aus, das Thier hängt den Kopf, legt sich nicht, hält die Vorderbeine weit seitwärts gestreckt, stöhnt, wenn man es zur Bewegung zwingt, Ohren und Beine sind eiskalt; die Ursache ist, daß man das Pferd an einem kalten, zugigen Ort stehen, oder ihm zu viel kaltes Wasser saufen ließ, da es erhitzt war. Bei der Behandlung stelle man erst die Höhe des Pulses fest, der bei einem Pferde in der Minute 36 bis 42 Schläge macht. Entziehe so viel Blut, bis der Pulsschlag normal ist, dann reibe Zugsalbe um Brust und Brustkasten. Hierauf nimm Aconit-Tinctur, Salpeterspiritus und Laudanum, eine Unze von jedem und füge eine Gallone Quellwasser hinzu. Laß das Thier davon alle zwei Stunden ein Pint saufen, reibe und bähe die Füße mit einer Mischung von Alkohol, Kampher und rothem Pfeffer, bis sie warm werden; gieb dann Wasser zu trinken, in dem junge Ulmenbaum-Rinde

abgekocht ist, oder Heu=Abkochung mit sehr viel Gummi arabicum ver=
setzt, das bleibe die regelmäßige Tränke. Gieb feuchtes Futter, führe
mäßig ab mit Salzen oder Leinöl; aber nie mit Aloe bei Lungenfieber.
Mit dieser Behandlung fahre fort und das Thier wird gesund werden,
wenn es rechtzeitig in Behandlung genommen wurde.

Leber=Entzündung oder gelber Urin.

Merkmale: Die Augen laufen und werden gelb, ebenso die Kinn=
laden; Haar und Mähne werden glanzlos und locker; das Thier lahmt
in der rechten Schulter und ist äußerst verstopft.

Behandlung: Gieb folgende Pille jeden Morgen, bis die Ver=
stopfung weicht. Aloe: sieben Drachmen, Calomel: eine Drachme,
Ingwer: vier Drachmen, dazu genug Syrup, um eine tüchtige Pille da=
von zu kneten. Rolle sie in Papier und führe sie ein. Füttere gebrühte
Kleie und Hafer, auch Gras, wenn es zu haben ist. Wenn Abführung
erfolgt, höre mit den Pillen auf und gieb zwölf Tage hindurch Morgens
eine Unze Kampherspiritus in einem Pint Wasser, lege ein Haarseil in
die Brusthaut und verabreiche einige Gaben von reinigendem Pulver.
Führe das Thier in's Freie.

Würmer.

Merkmale: Das Thier frißt, gedeiht aber nicht, sein Bauch
schwillt an, sein Haar wird struppig.

Heilung: Gieb Abends ein Quart starken Thee von Wermuth
ein, am folgenden Abend gieb sieben Drachmen Calomel, zu einer Pille
geformt. Verabreiche kein kaltes Wasser während 48 Stunden, sondern
nur lauwarmes, gieb zwei oder drei Kleienaufgüsse und ein paar reini=
gende Pulver. Sollten noch immer Krankheits=Symptome bestehen,
wiederhole die Kur in drei Wochen. Es wird dann nicht fehlen.

Eingeweide=Entzündung.

Ursache: Nach Ueberhitzung große Mengen kalten Trinkwassers,
plötzlicher Uebergang aus warmer in kalte Luft, Hineinführen in kaltes
Wasser bei Erhitzung. Gutgefütterte Pferde sind der Krankheit am ehe=
sten unterworfen.

Behandlung: Laß eine halbe Gallone Blut aus dem Genick, dann ob ein Fohlen mit „Magenwürmern" zur Welt kommt, oder ob ein Pferd nothwendig sie haben müsse. Allerdings m u ß es sie nothwendig haben und würde ohne sie nicht lange leben können. Sie sind ein Theil des Pferdes. Sie unterstützen die Verdauung des Futters im Magen. Das neugeborene Fohlen besitzt sicher eine Anzahl Magenwürmchen, welche fest an der Magenhaut haften und zur Erhaltung seiner Gesundheit dienen, und sie verlassen diesen Halt nicht, mag man die giftigsten oder feinsten Arzneien in den Leib stopfen. Sie werden genährt von den schleimigen und gallenartigen Ausscheidungen des Magens und bilden einen Ersatz für die Gallenblase an der Leber des Pferdes. Bei dem Pferde f e h l t diese Gallenblase nämlich. Aber vorhanden ist ein Gallengang, der sich durch den Mittelpunkt der Leber zieht, und dazu dient, die Gallenmasse in die Eingeweide zu führen, um dort das Futter verdauen zu helfen. Aber einen anderen P f e r d e w u r m haben wir, der aus den Eiern einer Bremsen-Art entsteht, welche wir jedes Jahr im Herbste eifrig beschäftigt sehen, diese Eier in das Muskelfleisch der Schultern, Beine und der Kinnbacken des Pferdes zu legen. Indem nun das Thier die Kinnbacken am Futtertroge oder mit den Zähnen die Füße reibt, bekommt es diese Eier in das Maul oder unter das Futter, mit welchem sie in den Magen gelangen, wo sie auskriechen und die Würmer sich an der inneren Magenhaut festhängen. D i e s e Würmer sind g e l b und bilden eine inwendige Armee, deren Streben darauf geht, das Pferd zu tödten. Sie können es auch auf dreierlei Weise: Das Thier kann deren soviele im Magen ausbrüten, daß sie sich im oberen Magenmunde in solcher Menge festsetzen, daß derselbe verstopft wird, und das Pferd stirbt. Oder, sie versetzen vollständig den unteren Magenmund, so daß Kolik eintritt und so der Tod herbeigeführt wird. Endlich können sie die Magenwand durchbohren und so das Thier tödten. Indessen so ganz ohne Weiteres können die Würmer dem Pferde noch nicht beikommen. Ein gesundes Thier, das regelmäßig drei Mal des Tages sein Futter verzehrt, wird nicht von den gelben Würmern getödtet werden. Sein Magen ist nicht versäuert, das ganze System in bester Verfassung, so haben die Würmer Nahrung genug, um das Thier nicht anzugreifen. Aber das Pferd hat von allen Geschöpfen seiner Größe den kleinsten Magen, daher verweilt die Nahrung nicht lange in demselben, sondern wird in Nahrungssaft verwandelt, geht durch den unteren Magenmund in den Zwölffingerdarm, nimmt hier die Ausscheidungen des Zwerchfells auf, die in der Leber erzeugte Galle tritt hinzu, der Nahrungssaft verwandelt sich in Milchsaft, passirt die kleinen und die großen Eingeweide und wird auf diesem Wege verdaut. Wenn Ihr nun Euer Pferd des Morgens einspannt und laßt es den ganzen Tag über arbeiten, ohne ihm, obgleich es sonst an solche Fütterung gewöhnt ist, am Mittag Futter zu reichen, so wird bald sein Magen sehr leer werden und nun werden sich die Würmer auf die innere Magenhaut werfen. Auf diese Weise kann eine Krankheit entstehen, die dem Thiere tödtlich wird. Oder es verliert den Appetit und frißt nur noch wenig und Ihr beginnt Euch zu wundern, was das Thier hat. Wenn es den Appetit verloren, wird sein Magen sauer, wird krank und die Würmer, die keine andere Nahrung mehr haben, greifen die Magenhaut an, denn indem die Krankheit des Pferdes dessen Leben bedroht, so bedroht sie auch das der Würmer, und sie werden versuchen, sich auf Kosten des Magens zu retten. Greift zu den Werken von Youatt, mit Prof. Spooner's Anmerkungen, denen Beackman's, Magee's und Stewart's, ihr findet, daß sie alle im Irrthum sind bezüglich der Würmer. Sie behaupten, daß diese sich nie durch den Magen eines lebenden Pferdes gebohrt hätten, und so zeigen sie ihre Unkenntniß. Während ich zur Armee gehörte und das Land bereiste, traf ich auf Pferde, die seit zehn Minuten todt waren, und doch hatten sich diese schon durch den Magen und seinen Inhalt vollständig durchgefressen. Natürlich mußte dies bei Lebzeiten des Pferdes geschehen sein und die Würmer hatten den Tod verursacht. Nun haben wir fast alle die schärfsten und giftigsten Arzneien versucht, um die Würmer zu tödten, Salpetersäure, Schwefelsäure, Salzsäure, starkes Vitriol-Extrakt, Strychnin, Arsenik, Terpentin, Alkohol und alle jene Stoffe, die gegen andere Wurmarten wirksam sind, diese Art aber kann thatsächlich von einer bis zu 24 Stunden in irgend einem dieser Stoffe leben. Man sieht, daß man mit solchen Medicinen ein Pferd, dem man sie eingiebt, tödten muß, während die Würmer leben bleiben. Aber wir haben ein Kraut, das jeder Farmer jährlich züchtet, und dessen Saft einen Wurm in zehn Secunden tödtet, während Salpetersäure dies in 24 Stunden nicht vermag. Jenes Kraut ist weder angreifend, noch giftig. Wenn aber ein Farmer oder Züchter kranke Pferde hat, so senden sie nach dem besten — sogenannten — Pferdedoktor in der Umgegend. Er kommt und untersucht das Thier. Vielleicht ist er der Anatomie und Physiologie noch nicht zu Hause, kennt nicht die Symptome der verschiedenen Krankheiten, denen das Pferd unterworfen ist, und kann nicht genau sagen, was dem Thiere fehlt. Soviel aber sieht er, daß Etwas nicht richtig ist und gewöhnlich wird er zuerst sagen, daß das Pferd Würmer habe. Gewiß h a t es die, aber die Frage ist, ob sie zur Zeit dessen Gesundheit bedrohen. Ich will jedem vierzehnjährigen Jungen, der bei mir in die Schule geht, lehren, wie er jederzeit unterscheiden kann, ob die Würmer an ihrem Zerstörungswerke sind oder nicht, und wenn Jemand genau weiß, was seinem Pferde fehlt, so kann er bald sein Urtheil über die Behandlungsweise bilden. Aber solch ein Arzt kann Euch ganz richtig sagen, daß Euer Pferd Würmer hat und im Begriffe seien, dasselbe zu tödten. Er wird es mit einer starken Arznei nach der andern angreifen und eben deswegen wird das Thier vielleicht fortwährend schlimmer. Und wenn er ihm eingegeben hat, was er nur weiß, kommt irgend einer aus dem Haufen und hat ein anderes Mittel, das auch Nichts hilft. Ein Anderer sagt: „Das Pferd zeigt sich gerade wie neulich mein oder des Nachbars Pferd, wir gaben ihm dies und das und es wurde gesund." Nach gar nicht langer Zeit haben sie dem Thiere zehn oder zwölf Gaben starker Arzneien eingegossen und aus seinem Magen einen Apothekerladen gemacht und wahrscheinlich tödtet die Medicin das Pferd und nicht die Krankheit. Hunderte und Tausende von Pferden werden jährlich durch zu starke Arzneien getödtet, angewandt von Männern, die nicht die Eigenschaften derselben kennen, oder ihr Geschäft nicht verstehen. Ob ein Thier- oder ein Menschenarzt seinem Patienten Medicin verordnet, stets sollte er im Stande sein, zu erklären, welche Wirkung sie auf den Kranken haben muß, oder die Medicin fortlassen. Nun, ich kann Euch einige Recepte geben, welche zeitweise Erleichterung bringen, wenn Euer Pferd mit Würmern geplagt ist. Wenn ihr ihm aus dem Maule Blut entzieht, oder aus der Nacken-Vene ein Quart Blut entnehmt und es dem Pferde einflößt, so wird dies manchmal dem Pferde Ruhe geben, hinterdrein kann man ihm süße Milch und Molasses geben, eine halbe Stunde später gebt ihm starke Salbei-Abkochungen oder Alaun-Wasser, eine halbe Stunde später wieder ein Abführmittel. Die Milch und der Syrup locken die Würmer, von der Magenwand abzulassen, der Salbei-Thee oder das Alaunwasser wird sie zusammenrunzeln, daß sie todt oder sterbend baliegen und das Abführmittel wird sie aus dem

Körper treiben. Dann mag man dem Thiere die Oberlippen emporziehen und mit Terpentin-Spiritus reiben, den Brustkasten und die Vorderbrust aber mit Terpentin und durch diese verschiedenen Operationen wird in 15 bis 25 Minuten dem Thiere Hülfe werden. Allerdings nur eine zeitweilige. Viele Würmer bleiben noch im Magen zurück, und werden zu irgend einer Zeit, wo dieser leer oder verdorben ist, die Wände wieder angreifen. Aber zum Glück kann man einen Pflanzensaft das ganze Jahr hindurch im Hause haben und wenn man findet, daß die Würmer ein Pferd wieder plagen, so flöße man ihm ein Quart dieses Saftes ein. Sobald derselbe in den Magen gelangt, werden die Würmer die Innenhaut loslassen und sich an dem Safte vollsaugen, wie die Schläuche, aber das Gas, welches in dem Safte enthalten ist, wird sie auseinander sprengen. Dies ist die einzige Arznei, welche wir durch Versuche bewährt gefunden haben, sie töbtet die Würmer im Magen des Pferdes ohne dem Pferde zu schaden. Am andern Tage bei der Entleerung der Eingeweide werdet Ihr sie abgehen sehen, nicht mehr zwar die Würmer selbst, sondern nur deren äußere Hüllen, aber Euer Pferd wird nicht mehr von ihnen geplagt werden, bevor nicht wieder ein Herbst kommt, wo wiederum die Bremsen ihre Eier an die erwähnten Plätze legen, die Eier wieder mit dem Futter in den Magen kommen, dort auskriechen und bis nächsten Sommer dort verbleiben. Dann ist die Zeit da, wo sie freiwillig mit den Excrementen abgehen, sich in Misthaufen oder Erde verkriechen und dort eine Wandelung, ähnlich wie der Seidenwurm, durchmachen, sie liegen in todtenähnlichem Schlafe drei bis fünf Wochen lang, dann berstet, wie bei der Heuschrecke, die hornige Schale und heraus kommt eine neue Bremse, die wieder ihre Eier in den Leib des Pferdes legen wird. So pflanzen sich diese nichtsnutzigen gelben Würmer, die so manches werthvolle Pferd töbteten, fort von Generation zu Generation. Aber man kann sie schon im Ei töbten, wenn man die Stellen des Muskelfleisches, wo sie liegen, zwei bis drei Mal mit Terpentin-Spiritus wascht, das vernichtet sie und sie fallen ab. Wenn man einige, die erhalten sind, aufhebt, sie in die flache Hand legt und darauf speit, so werden sie binnen zwei Minuten auskriechen. Wenn man einen lebenden Wurm aus dem Magen eines verstorbenen Pferdes nimmt und ihn in ein Fläschchen thut, in dessen Kork sich ein winziges Luftloch befindet, wenn man dann die Flasche an einem Faden in einem warmen Raume aufhängt, so wird binnen 12 oder 15 Tagen eine richtige Bremse ausgekrochen sein und im Glase umherkrabeln, so daß Jeder ihre Herkunft erkennen kann.

Die ersten Merkmale bei Würmer.

Wenn ein Pferd, während es eingespannt ist, von Würmern geplagt ist, wird man bemerken, wie es häufig mit einem oder dem anderen Vorderfuße aufstampft, den Schwanz zwischen den Hinterbeinen durchpeitscht, unruhig wird und rasch von einer Stellung in die andere wechselt. Wenn man es ausspannt, legt es sich auf den Boden und wälzt sich von einer Seite auf die andere, bleibt auch auf den Flanken liegen, die Nasenspitze hinter sich nach der oberen Körperseite drehend und Schmerz verrathend. Oft zerrt es die Oberlippe nach aufwärts und wenn Ihr dieselbe untersucht, so findet Ihr die Spur des Wurm-Mundes, kleine Finnen auf der inneren Schleimhaut der Oberlippe, welche bei gesunden Pferden oder selbst in anderen Krankheitsfällen vollkommen weiß erscheint. Nur wenn das Pferd von Würmern geplagt wird, färbt sich dieser Theil purpurroth und schwillt an. An solchen Anzeichen könnt Ihr erkennen, daß Ihr es mit Würmern zu thun habt; um diese zu beseitigen, nehmt ein Quart des oben erwähnten Pflanzensaftes — nämlich von gewöhnlichen Kartoffeln. Ihr erhaltet ihn, indem Ihr dieselben so fein schabt oder zerquetscht, wie Ihr nur immer könnt, den Saft auspreßt und ihn dem Pferde eingiebt. Dieses Mittel wird in jedem Falle binnen 25 Minuten wirken, es sei denn, daß die Würmer den Magen bereits durchlöchert hätten.

Genick-Fistel.

Unter allen Uebeln der Welt ist die Genickfistel das größte. Sie wird herbeigeführt durch eine Quetschung des Nackens oder irgend einen Schlag, welcher Fieber oder Entzündung der Genickmuskeln herbeiführt. In den ersten Anfängen bemerkt man eine Anschwellung mitunter nur an einer, oft an beiden Seiten des Nackens. Dann ist es nur nöthig, diese Anschwellungen zwei Mal täglich mit irgend einem der in diesem Buche erwähnten Liniments einzureiben, in wenigen Tagen wird sich die Geschwulst vertheilt haben, die Entzündung gewichen und das Pferd gesund sein. Aber wenn Ihr nachlässig seid und laßt zu viel Zeit verstreichen, so werden sich leicht Eiterherde und Eitergänge innerhalb der Geschwulst bilden. In diesem Falle wurde bis vor wenigen Jahren das Uebel auch von den besten Autoritäten für unheilbar gehalten in sofern, als immer ein steifer Hals zurückbleiben sollte, weil man sich nicht anders zu helfen wußte, als durch giftige Mittel, wie das Einbringen von Aetz=Sublimat in das Innere der Geschwulst. Arsenik aber und Säure fressen sich ein und beschädigen die Ligamente der Nackenwirbel und ein steifer Hals ist die Folge. In Folge eifriger Beobachtungen haben wir indeß jetzt ein Mittel gefunden, welches stets vollständige Heilung schafft. Zunächst sorge man, daß uns selbst das Pferd nicht verletzen kann, indem wir mit festem Griffe seine Oberlippe fassen und niederzerren und eines seiner Vorderbeine in die Höhe binden. Dann nimmt man eine sechszöllige Haarseil=Nadel, fädelt einen Faden von einem halben Zoll Dicke ein und zieht dann ein Haarseil von dem untersten Ende der Geschwulst bis zum obersten durch, dann schlingt man den Faden herum und legt das Haarseil fest. Hierauf bereite man folgendes Waschmittel: Ammonia Muriata 2 Unzen, Terpentinspiritus und Leinöl 4 Unzen, Theeröl 1 Unze, Aetz=Sublimat 1 Unze, Majoranöl, Jod=Tinktur 1 Unze, Krotonöl 1 Unze. Schüttle Alles wohl durcheinander und nässe damit das Haarseil zwei Mal täglich, indem man es dabei jedesmal vollständig herauf und wieder zurückzieht, so oft man die Mischung benutzt. Auf diese Weise fahre man fort, so lange noch dicker, gelber Eiter herausströmt. Sobald aber eine dünne, blutige Masse ausfließt und die Geschwulst ganz zurückgegangen ist, schneide man den haltenden Faden durch, entferne das Haarseil und wasche mit einer Lösung von venetianischer Seife in warmem Wasser rein nach, benutze dann das Zauber=Liniment, bis Alles geheilt ist und das Pferd wird hergestellt sein ohne Narben oder Entstellung und keinen steifen Nacken haben. Während des Gebrauches der letzteren Medizin wasche man täglich die Stelle rein, das wird die Heilung beschleunigen, ebenso benutze man die Reinigungs= oder Abführ=Pulver nach Vorschrift, um Blut und System gründlich zu säubern.

Fistel.

Diese Krankheit ist wesentlich dieselbe, wie die Genickfistel, nur daß sie anderswo ihren Sitz hat. Dasselbe Verfahren wird auch hier Heilung

bringen. Man befolge daher genau die Vorschriften, wie bei der Genick=
fistel, und man wird jede Fistel heilen können, nur wenn dieselbe zwischen
Schulterblatt und Rippen sich festgesetzt hat, dann steckt sie zu tief und
man kann ihr auf keine Weise beikommen, folglich ist sie dann unheilbar
und für fünf Dollars wäre das Pferd gut verkauft.

Windgallen.

Eine halbe Unze Majoranöl, eine halbe Unze Terpentinspiritus, eine
Unze Kampherspiritus mische man und tränke Baumwolle oder Werg da=
mit, bedecke dies mit einem Stück ausgewalzten Blei's, so groß, wie die
Geschwulst, und binde auf diese den Lappen oder das Werg leicht fest.
Täglich einmal nehme man dasselbe ab, tränke es von Neuem und lege es
wieder an. Sind die Windgallen frisch, werden sie schnell vergehen, an=
dernfalls wird ihre Beseitigung länger dauern, aber sie erfolgt sicher.
Man kann die Lappen ruhig liegen lassen, wenn das Pferd zur Arbeit
benutzt wird.

Krankheiten der Harnorgane.

Nieren=Entzündung. — Besondere Merkmale: Esels=
rücken und Empfindlichkeit der Lendengegend, schwankender und unsicherer
Gang, Versuche zu uriniren, ohne Erfolg.

Behandlung: Anregende Einreibungen.. Einreibung der Lenden
mit schwarzem Oel=Liniment abwechselnd mit heißen Lumpen oder Schaf=
fell. Gieb: Salpeterspiritus eine Unze, Kampherspiritus eine halbe
Unze, rohes Leinöl vier Unzen, Kastoröl vier Unzen. Alles durcheinan=
der gemischt, als Trank eingeflößt. Damit wird ebenso die Absonderung
aus den Eingeweiden, wie die des Urins bewirkt. Wenn es nicht binnen
einer Stunde wirkt, wiederhole man die Gabe. Man untersuche die
Scheide und das Ende der Ruthe und sehe, ob sie krank sind, oder ob sich
an der Spitze der Eichel ein Auswuchs gebildet hat. Findet sich etwas
dergleichen, so wasche man die Scheide und den Penis mit warmem Sei=
fenwasser und schmiere mit Schweinefett ein. Füttere Kleienaufguß und
Grünfutter.

Ein anderes Mittel.

Zum Uriniren. Zuerst reinige die Scheide und den Penis mit

warmer Seifenlösung und spüle mit kaltem Wasser nach. · Schmiere tüchtig mit Schweinefett, nimm dann: Potaſſia-Nitrat eine Unze, Potaſſia-Acetat eine Unze. Miſche und löſe es in einem Pint warmen Waſſers, führe die eine Hälfte mittelſt einer Spritze ein, oder flöße in Zwiſchenräumen von zwei bis drei Stunden den Reſt ein.

Blutharnen.

Es iſt zunächſt eine Folge des zerreißens irgend eines kleinen Blutgefäßes in den Nieren, veranlaßt durch Anſpannung u. ſ. w. Man vermeide alles, was Urinbildung veranlaſſen oder verſtärken müßte. Man gebe eſſigſaures Salz zwei Drachmen in einer Pille, oder aromatiſche Schwefelſäure eine Drachme im Trinkwaſſer täglich zwei Mal, einige Tage hindurch fortgeſetzt, und ſchlage Decken mit kaltem Waſſer getränkt und ſtark mit reiner Arnica-Tinktur genetzt um die Lenden.

Strichfäule und Strahlkrebs.

Dies iſt die Ausſcheidung einer häßlichen Maſſe aus einem Riß im Hufſtrahl, welche die Entzündung der unteren Fläche des empfindlichen Theiles des Hufſtrahles anzeigt. Dabei wird, ſtatt der Hornmaſſe oder mit dieſer zugleich, Eiter ausgeſchieden. Wenn der Strahl geſund iſt, wird ſich der Riß nur wenig tief einſenken. Wenn derſelbe aber ſich zuſammenzieht oder anderweit erkrankt, ſo gewinnt der Riß an Ausdehnung und bringt häufig bis auf die empfindlichen Horntheile vor, und durch ſolch' eine unnatürlich vertiefte Spalte wird der Eiter gedrängt. Die unmittelbare Urſache des Leidens iſt Feuchtigkeit. Es ſollte dies nie vergeſſen werden, ſonſt wird ſich Mancher zu einer falſchen Behandlung verleiten laſſen. Wenn man ein Pferd in ſeinem eigenen Dünger ſtehen läßt, ſo wird unfehlbar die Strahlfäule eintreten, wie überhaupt ſtets da, wo irgend welche Urſachen den geſunden Bau und die Entwickelung des Strahles angreifen. Wir finden das Uebel öfter an den Hinter- als an den Vorderfüßen, weil bei der Einrichtung unſerer Ställe die Hinterfüße immer mehr den verderblichen Einwirkungen des Düngers und der Urin-Feuchtigkeit ausgeſetzt ſind, als die anderen und darunter zu leiden haben. In den Vorderfüßen ſind derartige Fälle gewöhnlich verbunden mit Zuſammenziehungen der Hufmaſſe. Der Druck auf den Strahl in Folge einer rückwärtigen Zusammenziehung des Hufes verursacht Schmerz und Entzündung, und die Entzündung wird wiederum in Folge der vermehrten Hitze und der Aufhebung der Funktionen des Körpertheils die Zusammenziehung fördern. Pferde jeden Alters und jeder Verwendungsart sind der Strahlfäule unterworfen, sogar unbeschlagene Fohlen können von ihr befallen werden. Das Uebel ist nicht immer mit Lahmheit verbunden. In sehr vielen Fällen ist die äußere Erscheinung des Fußes kaum oder gar nicht verändert, und das Uebel kann nur bei genauer Untersuchung entdeckt werden, oder auch durch den eigenthümlichen Geruch des Eiters. Der Strahl erscheint nicht im Mindesten dadurch angegriffen und Viele werden das Pferd für durchaus gesund ansehen. Aber der Fortschritt einer vernachlässigten Strahlfäule, obwohl manchmal langsam, ist ein sicherer. Der Strahl beginnt einzuschrumpfen, wird rauh, splitternd, bröckelig und weich, der Eiter fließt immer reichlicher und riecht immer schlechter, die Hornmasse verschwindet allmälig und verhärteter Schleim tritt an seine Stelle; dieser fällt gelegentlich ab und der empfindliche Theil des Strahles liegt blos, eine schwammige, körnige Masse wird davon ausgeschieden, breitet sich aus, frißt sich unter der Sohle hin und der Krebs erfaßt den größten Theil des Fußes. Daher kann dem Auftreten der Krankheit gar nicht schnell genug entgegengetreten werden, und man muß sie schleunigst unterdrücken, gerade weil sie sich so heimlich einschleicht und so schlimme Folgen mit sich führen kann. Ich habe gesehen, wie in Folge von Vernachlässigung der ganze Huf zerstört wurde und so hätte man das Pferd ebensowohl tödten können. Es giebt nun mancherlei Mittel, der beginnenden Strahlfäule entgegenzutreten. Fast jede Anwendung eines zusammenziehenden, aber nicht zu sehr ätzenden Mittels wird erfolgreich sein. Bevor man indeß irgend etwas braucht, wasche man den Strahl und den Fuß tüchtig mit Seifenwasser und kratze den Eiter rein aus, man schneide alle kleinen Stiftchen des Strahls weg und trockne denselben, dann aber halte man den Fuß von jeder Art von Feuchtigkeit fern, es sei denn, daß man den Huf mit einer starken Abkochung von gleichen Theilen Taback und Katechugummi beizte. Dies ist gut, denn es zieht stark zusammen und nimmt das Alkali der Seife mit weg. Dann halte man den Fuß in die Höhe und tröpfle in die Mitte des Strahls und rings um diesen selbst Carbolsäure, diese decke man mit Fichtentheer. Die Säure tödtet das Uebel und der Theer hält jede Feuchtigkeit und allen Schmutz fern. Diese Behandlung muß fortgesetzt werden, bis in Kurzem Heilung erfolgt. Das Pferd sollte inzwischen in einem reinen, trockenen Holzstalle gehalten werden, und man sollte es nicht, wie Viele thun, hinauslassen, denn es bedarf jeden Tag strengster Aufmerksamkeit, um es von der Nässe fern zu halten.

Husten=Pille.

Gepulverte Brechwurzel (Ipecacuanha) dreiviertel Unze, Kampherharz zwei Unzen, Meerzwiebel eine halbe Unze. Setze Honig hinzu, bis es eine knetbare Masse wird, forme daraus acht Pillen, gieb eine jeden Morgen.

Fieber=Pille.

Brechweinstein eine halbe Unze, Kampherharz eine halbe Unze, Salpeter zwei Unzen. Mische dies mit Leinsamenmehl und Syrup und mache acht Pillen daraus, davon gieb eine oder zwei täglich.

Schmerzstillendes Fluidium.

Dasselbe ist besser, als das von Perry Davis, oder ein anderes, b ich je habe anwenden sehen.

Nimm Schwefeläther, Spik=Oel, Opium=Tinktur, Sassafras=O. Ammoniac=Wasser, englisches Oel, von jedem eine Unze, schütte es zu sammen in eine Flasche und schüttle es durcheinander. Beim Gebrau schütte man davon in die Hand und reibe die schmerzende Stelle sa ein. Dies beseitigt alle stechenden, scharfen, bohrenden Schmerzer irgend welcher Art. Gebraucht es nach dieser Anweisung und wenn es nicht den Schmerz vertreibt, will ich nicht Pritcher heißen.

Sichere Kur gegen Dämpfigkeit und Keuchen.

Nimm Theeröl, in einem Fläschchen, zwei Unzen, in ein anderes Fläschchen Schwefelsäure zwei Unzen. Gieße 12 Tropfen Theeröl Abends in Kleienwasser oder in Haferschleim, gieße 12 Tropfen Schwefelsäure in einen halben Eimer Wasser und lasse es das Pferd saufen. Einen Theelöffel voll gepulvertes Harz wird in die Kleie oder den Haferschleim gegeben, in welchem das Theeröl gemischt wurde. Gieb dem

Thiere einmal täglich, und wenn das Oel und die Säure so verbraucht sind, wird das Pferd gesund sein. Gieb ihm frisches Heu und Stroh und Du kannst es für ein gesundes Thier verkaufen. Ich wollte kein Pferd um einen Dollar billiger weggeben, weil es an Keuchen und Dämpfigkeit leidet.

Abführmittel im Frühjahr.

Um Pferde im Frühjahr ordentlich abführen zu lassen, damit sie glatt und gesund aussehen, nehme man: Schwarzen, geschwefelten Spießglanz 2 Unzen, Salpeter 2 Unzen, Schwefel 2 Unzen. Mische Alles tüchtig und gieb jeden Morgen einen Eßlöffel voll.

Liniment für Quetschungen und Anschwellungen.

Ammoniakwasser 2 Unzen, Kampherspiritus 2 Unzen, Majoran-Oel eine halbe Unze, Laudanum anderthalb Unzen. Mische es und reibe es tüchtig ein.

Ein anderes.

Bei Verrenkungen nehme man: Ein viertel Pfund Salpeter, eine Unze Wermuth, ein Quart starken Essig. Mache alles zusammen heiß, bade dann das Glied in der heißen Mischung, umwickle es dann dicht mit Tüchern, feuchte dieselben an, lege trockene darüber und fahre so fort, bis die Geschwulst sich gelegt hat.

Durchfall, Ruhr u. s. w.

Behandlung: Nimm gepulverte Kreide eine Unze, Katechugummi eine Unze, Opium eine halbe Unze, Ingwer eine Drachme. Reibe Alles zusammen mit einem Ei, setze ein halbes Pint Haferschleim hinzu mit einer Unze Schwefeläther. Gieb es ein, wie es die Umstände verlangen.

Reinigende Clystiere.

Aloe 8 bis 10 Drachmen, Wasch-Soda eine Unze, gewöhnliches Salz 8 Unzen; dies löse man auf in einer Gallone warmen Wasser und gebe davon Clystiere, bis sich die Wirkung zeigt.

Recepte.

Abführende Clystiere.

Zwei Quart lauwarmes Wasser, sechs Unzen Epsomsalz. Häufige Erneuerung des warmen Wassers und eine Hand voll Salz wird im Allgemeinen genügen. Den Umständen des Falles entsprechend zu benutzen.

Abführungsmittel.

Kastoröl acht Unzen, Krontonöl 10 Tropfen, dem Thiere eingeflößt, und wenn es nicht alsbald wirkt, in einer Stunde wiederholt.

Ein anderes.

Vier Unzen Kastoröl, rohes Leinöl 4 Unzen. In Haferschleim zu geben.

Ueberfüllter Magen.

Spanische Pfeffer-Tinctur 2 Drachmen in 8 Unzen warmen Wassers alle fünfzehn bis zwanzig Minuten gegeben, bis Erleichterung eintritt. Dann verabreiche man Leinsamen-Aufguß oder Haferschleim. Hinterdrein ist für einige Zeit sorgfältige Diät zu halten.

Gegen Würmer.

Wenn ein Pferd gut frißt und dabei doch immer magerer wird, gebe man ihm zunächst drei Kleieaufgüsse, dann drei Eßlöffel voll gepulverter Pappelrinde im Futter ein Mal täglich drei Tage hindurch, während der nächsten drei Tage zwei Mal davon täglich und wieder ein Mal während der folgenden drei Tage, so lange, bis man eine Besserung bemerkt und Massen von Würmern abgehen sieht.

Haarwuchs-Salbe.

Karbolsäure eine Unze, Schweinefett acht Unzen. Oder: Jod eine Unze, Schweinefett vier Unzen. Mische es gut und reibe es ein, wenn es zweckmäßig scheint.

Gegen Sattelbruck.

Zunächst wasche die Stelle mit starkem, heißem Salzwasser aus und trockne gut nach, dann reibe täglich tüchtig mit dem schwarzen Liniment ein, bis Heilung erfolgt ist.

Gegen Anschwellungen nach Quetschungen.

Reichliche Anwendung der Schmierseifensalbe, so lange mit der Hand einzureiben, bis sich starke Wärme in dem betroffenen Körpertheile entwickelt.

Kronengeschwür.

Dieses Uebel ist als eine Folge von nachlässiger oder schlechter Behandlung, oder der Verletzung der großen Beugesehne oder einer Ueberanstrengung bezeichnet worden, doch kann es entstehen in Folge irgend einer Fußwunde in irgend einem Theile des Fußes. Bei dem gewöhnlichen Verlaufe wird die Wunde den Eiter ausstoßen und die natürliche Heilung wird dadurch bedingt. Der Eiter, welcher aus Wunden im Fuße erzeugt wird, sackt sich gewöhnlich dort, die Menge desselben wird immer größer und sucht schließlich einen Weg nach allen Richtungen hin, dabei werden von dem Hufbein die kleinen Schuppen von der hornigen Hautmasse abgesprengt, wird die Kruste der hornigen Sohle von der fleischigen Sohle gelöst, oder es frißt sich der Eiter tief in den inneren Theil des Fußes hinein. Diese Eitergänge gehen also nach allen Richtungen hin und werden in ihrer Gesammtheit Krongeschwür genannt. Die Heilung wird in der Weise erreicht, daß man Aetzmittel in die Eitergänge einführt, bis dieselben ausgeräumt sind, oder, wenn das Uebel nicht weit vorgeschritten ist und Eitergänge sich noch nicht gebildet haben, nehme man gebrannten Alaun und Zink-Sulphat, zu gleichen Theilen gemischt, und streiche dies ein und um die Wunde herum, dann spüle man mit dem Reinigungswasser nach und bestreiche die Stelle mit der weißen Salbe, um die Abheilung zu befördern.

Gegen sprödes Fleisch.

Eine Unze gebrannten Alaun, eine Viertel-Unze Zink-Sulphat, gepulvert und auf und rings um die spröde Stelle gestreut.

Ein anderes Mittel.

Rothes Precipitat eine halbe Unze, gebrannter Alaun zwei Drachmen; oder calcinirtes weißes Vitriol und Alaun.

Krätze oder Räude.

Mittel: Karbolsäure 8 Unzen, Essigsäure 8 Unzen. Gemischt und in eine Gallone Wasser gethan. Ein oder zwei Mal Umschläge gemacht, so werden selbst die schwierigsten Fälle beseitigt sein.

Verletzungen der Hufkrone durch Tritte, Quetschungen, streifende Eisen u. s. w.

Mittel: Ich habe noch immer am besten bewährt gefunden, wenn man gleich nach erfolgter Verletzung Theer und Talg zu gleichen Theilen aufstreicht. In Fällen, wo das Pferd in Nägel oder Holzsplittern getreten ist, ziehe man den fremden Körper heraus und reinige den Fuß mit Wasser — nicht schneiden, wie Viele thun! — Dann gieße ein paar Tropfen Salzsäure in die Wunde, um nachtheilige Folgen abzuwenden, und streiche Theer und Talg darüber.

Salbe gegen Schrammen, geschwollene Fesselgelenke, Kronengeschwüre und ähnliche Uebel.

Nimm: Cosmolin 4 Unzen, Olivenöl eine Unze, Zinkorid eine Unze, Karbolsäure eine halbe Unze, Bleizucker zwei Drachmen. Ordentlich durcheinander gemischt und tüchtig in die wunden Stellen eingerieben, nachdem man diese zuerst mit dem erwähnten Waschwasser gereinigt hat. Man wird das Mittel gewiß werthvoll finden.

Salbe zur Säuberung häßlicher Geschwüre.

Vier Unzen Rind- oder Hammeltalg, sechs Unzen venetianischer Terpentin, zwei Unzen rothes Precipitat. Tüchtig gemischt ist es fertig für den Gebrauch. Zuerst reinige man das Geschwür mit warmem Seifenwasser, spüle dann nach und wende dann die Salbe an.

Weiße Salbe gegen Geschwüre, Schrammen u. f. w.

Nimm: Spermacetifalbe 4 Unzen, Olivenöl 1 Unze, Zinkorid 1 Unze, Bleizucker 2 Drachmen. Brauche dies bei allen Verletzungen, wo Salbe verwendet wird, und reibe diese tüchtig ein.

Reinigende Salbe bei Geschwüren, Schrammen und offenen Schäden.

Alaun 4 Drachmen, Zinksulphat 2 Scrupel, Carbolsäure 1 Unze, deftillirtes oder Regenwaffer 1 Quart. Reinige damit die Wunde und streiche hinterher weiße Salbe hinein.

Katarrh oder einfache Erkältung.

Merkmale: Allgemeines Frösteln, harte Haut, häufiges Niesen und Husten.

Heilmittel: Zunächst gute Abwartung, dann gebe man eine halbe Drachme Ingwer, eine halbe Drachme Cayenne-Pfeffer oder eine ganze Drachme gewöhnlichen Pfeffer im Saufen; oder: Salpeterspiritus eine Unze, Kampher 2 Drachmen, Brechweinstein 2 Drachmen im Saufen gegeben. Gewöhnlich folgt der Katarrh auf starke Kälte. Die Luftröhre und die Mandeln werden entzündlich und schwellen, das Athemholen wird schwer und ebenso das Schlucken.

Heilung: Gute Abwartung; in leichten Fällen wasche den Hals mit: Kohlenöl 4 Unzen, Glycerin 1 Unze. Wenn dies nicht abhilft, füge man ein wenig mehr Kohlenöl hinzu. Wenn es erforderlich scheint, mache um den Hals erweichende Umschläge und winde Flanell darum. In die Nasenlöcher lasse man heiße Dämpfe ein aus einem Aufguß von kochendem Wasser und Essig auf Heu. Läßt sich Röcheln im Halse vernehmen, ist der Athem heiß und der Puls hoch, so umwickle man die Beine des Pferdes und hülle den Leib in möglichst viele Decken. Außerdem gebe man Clystiere, Aufgüsse von Heu zum Saufen und reibe Seiten, Brust, Luftröhre und Kehle. Sollten die Füße kalt bleiben, gebe man 2 Unzen Salpeter-Aether in einem halben Pint kalten Wassers oder in Haferschleim. Tritt Durchfall ein, gebe man kein Clystier mehr, dafür eine Unze Salpetergeist und eine Unze Opium-Tinktur im Waffer oder

Haferschleim. In einem oder zwei Tagen gebe man kein gewässertes Futter mehr, dafür süßes Heu und Grünfutter. Man füttere wenig auf einmal, aber oft. Bei besonderer Schwäche gebe man 2 Drachmen gepulverten Ingwer und 2 Drachmen gepulverten Goldensamen drei bis vier Mal täglich in Haferschleim. Sobald der Pulsschlag herabgeht und das Fieber nachläßt, gebe man: Quassia 2 Drachmen, Canelle 2 Drachmen, Ingwer eine Drachme, nach zwei oder drei Tagen füge man dieser Mischung eine Drachme Eisensulphat hinzu. Man vermeide kalte Tränke und sorge für warmen Stall und Lager.

Rheumatische Schmerzen, Krämpfe, Spat.

Pferde haben ebenso wie die Menschen ihren Rheumatismus. Ihn zu vertreiben, muß man dieselben Mittel brauchen. Man halte das Pferd in einem reinen Stalle und wasche die Beine oder sonst angegriffene Körpertheile reichlich mit heißem Salzwasser, dann nehme man ein Faß, säge ein Ende davon ab und schütte zwei Eimer heißes Wasser hinein, gebe so viel Salz zu, bis eine Kartoffel darauf schwimmen kann, setze die Füße des Thieres hinein und wasche, tüchtig reibend, mit einem Schwamme bis zum Rücken hinauf. Hierauf reibe man jedesmal kräftig mit der Hand das schwarze Oel-Liniment ein und decke endlich das Thier mit sehr heiß gemachten wollenen Decken zu. So lasse man es stehen, bis es schwitzt; dann nehme man Guaiacharz 2 Unzen und lege sie in ein halbes Pint Alkohol, um sie aufzulösen, dann schneide man Meerrettigwurzeln dünn, bis man ein halbes Quart Scheiben hat, die man in einen Kessel thut, worauf eine halbe Gallone heißes Wasser übergegossen wird. Nun lasse man den Kessel fest zugedeckt den ganzen Tag über auf dem Ofen stehen und wallen, gieße dann die Masse durch einen Durchschlag, setze das Guaiacharz und den Alkohol hinzu und korke fest zu, und die Masse ist zum Gebrauch fertig.

Man giebt ein halbes Pint drei Tage hinter einander Abends mit dem Kleiensaufen, dann einen Abend um den andern, bis das Uebel gehoben ist. Das Mittel reinigt das Blut. Ich brauche es bei allen Pferden, die an Rähe, Steifheit oder sonstigen Uebeln der Füße und Beine leiden.

Wenn die Füße eines Pferdes zusammengezogen sind, so schmerzen sie mehr oder weniger bis zur Schulternhöhe, denn die Sehnen gehen von der Mitte der Schulter bis zur Hufsohle und dem Schiffbein; wenn ich daher Lahmheit heilen soll, so arbeite ich immer von oben herab. Bei Rheumatismus aber ist tüchtig baden die Hauptsache.

Rheumatismus beim Menschen.

Gar viel ist über dieses schreckliche Uebel geschrieben und gesagt worden, und Jeder behauptet, sichere Heilmittel zu haben. Das meinige habe ich an mir selbst und Anderen stets mit Erfolg erprobt. Meine Erfahrung lehrt, daß man Rheumatismus nicht durch äußere oder innerliche Mittel allein heilen kann. Man muß das Blut anfassen und das geschieht in der Weise: Thue einen Eßlöffel voll geschabten Meerrettig und eine Viertel=Unze Guaiaharz in ein Quart guten Whisky.

Man gebe davon drei Mal täglich vor dem Essen einen Eßlöffel voll. Dann reibe man tüchtig und reichlich das schwarze Oel=Liniment ein, streiche hierauf auf Leder ein Pflaster der „Green Mountain" Salbe, dies lege man auf die schmerzende Stelle und lasse es liegen, so lange es will. Täglich reibe man mit dem schwarzen Oel=Liniment ein. Dann nehme man vier tiefe Gläser oder Schüsseln und stelle die Beine der Bettstelle hinein, um die Electricität der Erde von dem Körper abzuhalten, sitzt man lange auf einem Stuhle, so stelle man diesen ebenso. Dies ist klar, einfach und billig.

Man hüte sich vor plötzlichen Wechseln der Temperatur und der Diät und ich stehe für die Heilung ein.

Das Beschlagen der Pferde.

Ich habe bereits angegeben, wie ein Pferd eingebrochen werden muß, jetzt will ich sagen, wie man es beschlagen soll. Ich will zuerst von den sogenannten „C l i p s," den Hufeisen, welche den unteren Rand des Hufes theilweise umfassen, reden.

Der scharfe Eisenrand ist in einzelnen Spitzen nach aufwärts gehämmert und dadurch wird der Huf beschädigt, wie ich zeigen werde.

Professor York wünschte einst, daß er die Macht hätte, in jedem Staate ein Gesetz zu passiren, nach welchem jeder Hufschmied gezwungen sein sollte, nur Clips=Hufeisen aufzulegen. Er behauptete, daß die Clips das Eisen an ihrem Platze festhielten, während diese der Schmied aufnagelte und daß sie hinterher den Halt verstärkten. Nun, ich nehme es in dieser Frage mit dem sogenannten Professor York und allen anderen Professoren auf und behaupte, daß die Clips schädlich sind. Wenn ich Gesetze geben dürfte, würde ich jeden Schmied, der Clips an Hufeisen anbrächte, in's Zuchthaus schicken. Warum? Weil sie schädlich sind. Wenn man ein Clip an ein Eisen gemacht hat, muß man an der Stelle, wo es haften soll, ein Stück Horn aus dem Hufe schneiden, aber genau läßt sich nie die Stelle treffen, und so wird denn das Eisen glühend gemacht und das Clip eingebrannt. Die Folge ist, daß man das Horn soweit zerstört, als das Clip geht, aber die ganze Hufwand wird hart, bröckelig und stirbt ab, weil sie verbrannt wurde. Man nehme den eigenen Fingernagel, schneide und brenne ihn, und der Erfolg ist derselbe. Was uns die Nägel, das sind dem Pferde die Hufe. Auf diese Weise hat man bald einen Riß im Hufcentrum oder in einem der Quartiere hervorgerufen, der gar bald sich bis hinauf zur Fuß=Behaarung ziehen muß und nicht Jeder kann ihn heilen. Also noch einmal: keine Clips.

Passet das Eisen sorgsam an, benutzet leichte Nägel und Ihr werdet finden, daß Eure Eisen so lange halten und haften, wie es überhaupt im Interesse des Fußes ist. Ein Schmied, der kein Eisen ohne Clips fest= bringen kann, sollte hingehen und das zuerst lernen. Die hier abgebil= deten Hufeisen sind solche, wie ich sie seit Jahren benutzt habe. Wir werden sehen, daß man nicht alle Arten von Hufen in derselben Weise beschlagen kann.

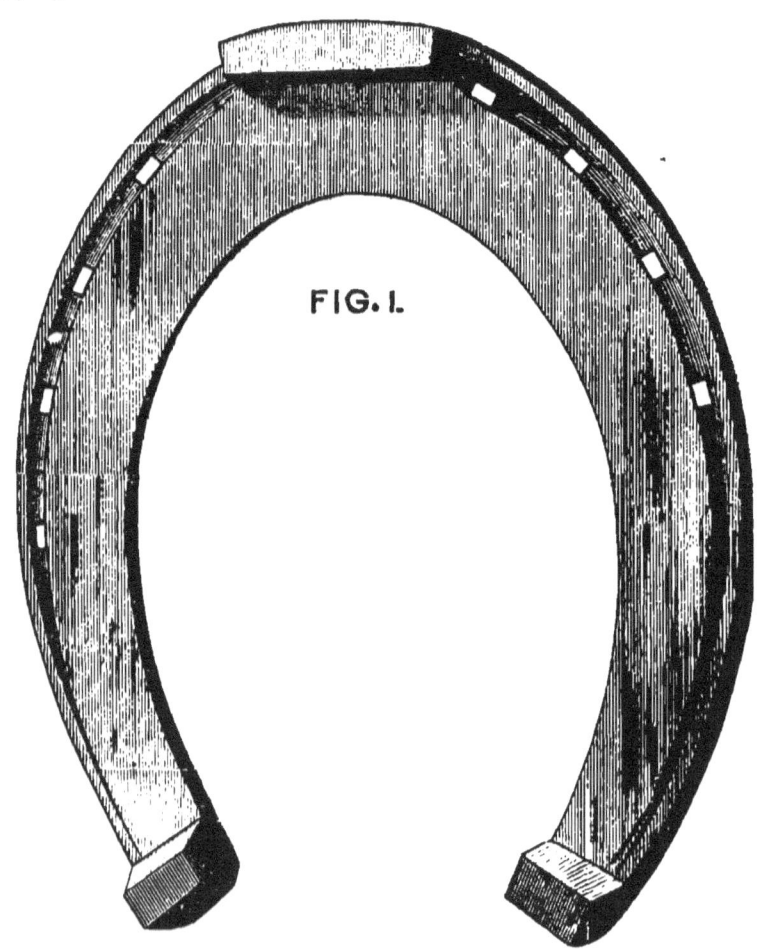

Die erste Zeichnung stellt ein Eisen für schwere Zugpferde dar und

Das Beschlagen der Pferde.   75

zeigt starken Griff und eben solche Stollen. Es ist geeignet für Pferde, die auf harten Straßen bedeutende Lasten zu ziehen haben. Das Eisen ist schwer, die Stollen erheben sich einen halben Zoll hoch von der Fläche des Eisens und so sollten sie im Winter und Sommer über getragen werden. Ich bin nicht für allzuhohe Stollen. Sie brauchen nur so hoch zu sein, als nöthig ist, das Pferd vor dem Ausgleiten zu schützen. Das Eisen selbst ist etwas ausgehöhlt bis in die Gegend der Stollenansätze, wo es konvex wird. Jedes Eisen sollte etwas konvex nach dem Stollen zu gearbeitet sein, denn wenn es einmal locker wird und mit den Hacken in unmittelbare Berührung kommt, so wird es dieselben nach auswärts drängen, während es diese nach Innen zusammendrücken würde, wenn es durchweg konkav gearbeitet wäre. Man verwende leichte Nägel, No. 7.

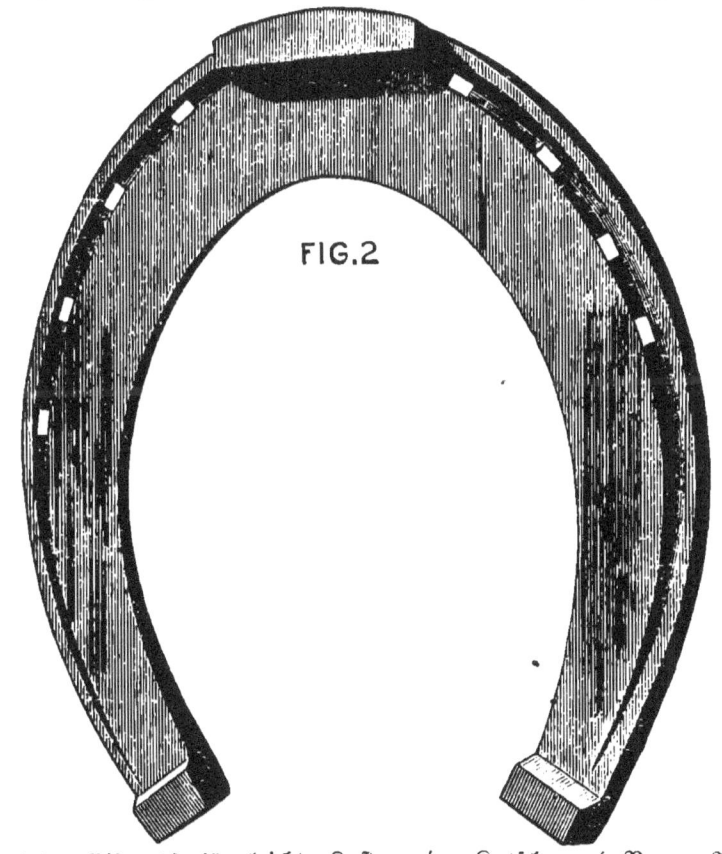

Dieses Eisen ist für leichte Lasten oder Kutsch- und Buggy-Pferde berechnet. Die Stollen sind einen Viertel = Zoll hoch, vorn konkav, nach den Stollen zu mit konvexen Flächen. Der Vorderhuf muß ein wenig tiefer zu liegen kommen und das Eisen genau dem Fuße angepaßt werden.

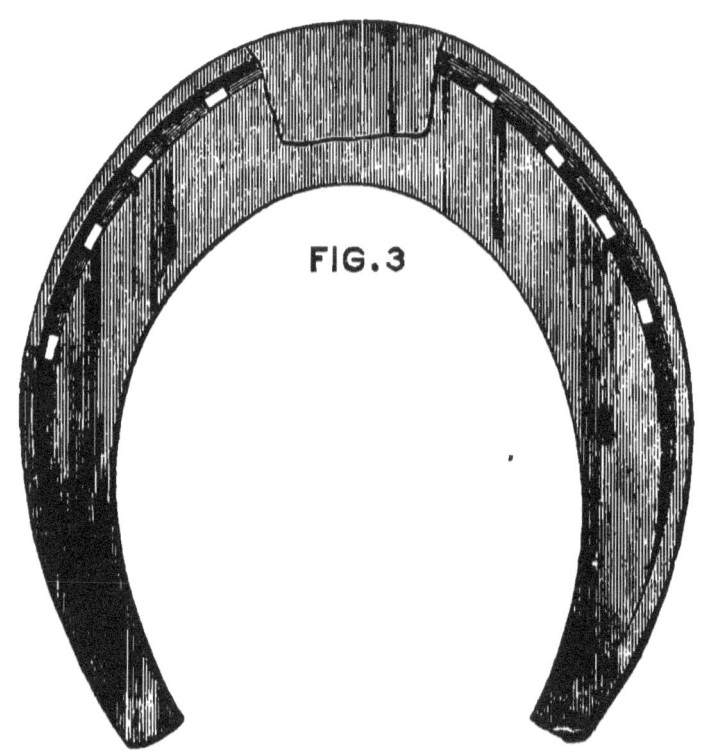

FIG. 3

Dies Eisen paßt für Pferde vor dem Buggy und vor leichtem Wagen, sowie für Reitpferde. Es ist nach den Ballen hin weit ausgebogen und abgeflächt, ein Stück flachen Stahles ist an der Vorderseite angebracht, um die Hufwand vor Verletzungen zu schützen. Es ist vorzüglich geeig= net bei zusammengezogenem Huf, weil es den Strahl fast unmittelbar mit dem Boden in Berührung kommen läßt, und wenn es richtig gebaut und die Stollengegend konvex geformt ist, die Ballen bald ausdehnen wird. Man verwende Globe=Nägel No. 6, und schlage sie fest am Vor= derfuße an, um die Quartiere und den Hinterhuf möglichst frei zu lassen. Niemals soll man den Strahl oder die Streben verschneiden.

Figur 4 zeigt das Eisen für Pferde, welche geneigt sind, beim Laufen

Das Beschlagen der Pferde.   77

mit Knieen und Knöcheln zu streifen. Man sieht, daß es von eigenthümlicher Form ist, schwer und dick innen, hoch an den Ballen, niedrig außen und nach vorn. Man forme das Eisen, wie es Fig. 4 zeigt, an der Innenseite vielleicht etwas weniger gewölbt; am Vorderquartier beschneide man den Hufrand ein wenig, denn mit den Stollen kann sich kein Pferd streichen. Man muß darnach streben, die Knöchel nach auswärts zu biegen, so, daß der andere Fuß leicht vorbeitreten kann. Wenn dies erreicht und der Huf gehörig beschnitten ist, wird das Streifen aufhören. Schlage die Nägel in den Vorderhuf, wie es die Zeichnung vorschreibt, und verwende leichte Nägel, No. 7.

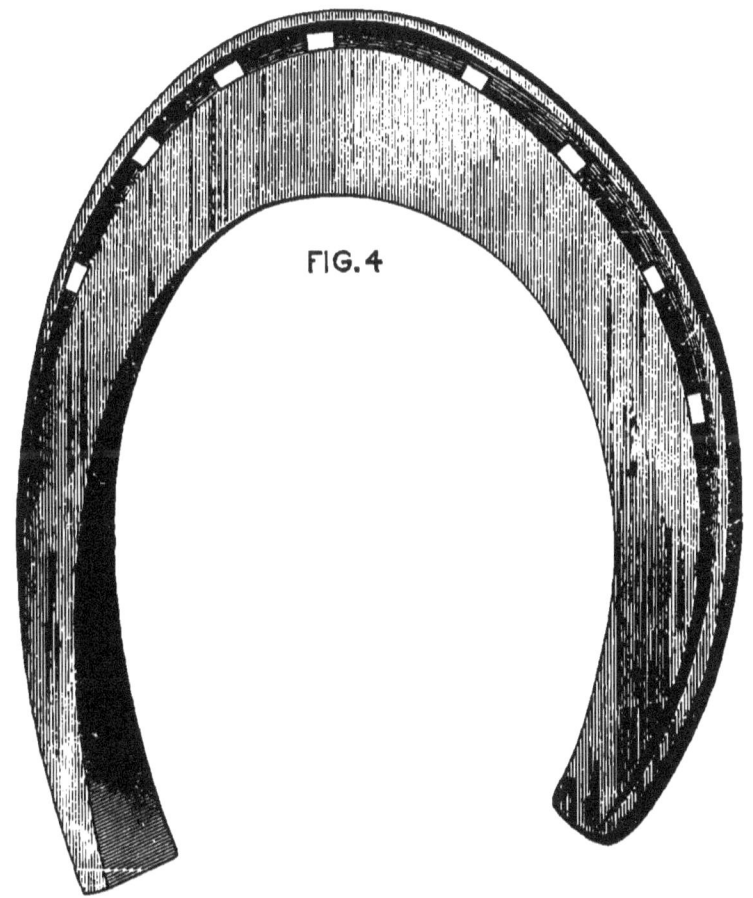

FIG. 4

Jetzt aber zu den Gründen, welche das Pferd zum Streifen des Hufes veranlassen. Ich behaupte, daß es keinem Pferde angeboren ist und behaupte, daß die Ursache darin liegt, daß man den Vorderhuf zu lang wachsen läßt, so daß derselbe sich an der inneren Seite umbiegt. In diesem Falle dreht sich der Fuß einwärts, das Knöchelgelenk wird in derselben Richtung gebogen und dann streifen die Hufe. Das Pferd wird dann ängstlich zu laufen, zieht den Fuß krumm und ängstigt sich vor dem Ausschreiten, denn es hat das Vertrauen auf seine Füße verloren.

Es giebt aber noch weitere Ursachen. Mancher sagt, mein Pferd streift nicht, wenn es unbeschlagen ist, warum kann man es nicht beschlagen, daß es auch nicht streift? Allerdings liegt hier oft der Fehler. Man nimmt das Thier zum Schmied, um es beschlagen zu lassen, er schneidet die Ballen kurz und läßt den Vorderhuf unberührt. Warum? Nur weil ihm die Ballen am bequemsten liegen und sich leichter schneiden lassen Er sieht nicht darnach, ob der Huf an der unteren Fläche eben ist, sondern bildet sich nur ein, daß er irgendwo schneiden müsse, sonst wäre das Beschlagen nicht vollständig. Er sieht auch nicht darnach, ob der Huf an einer Seite sich breiter auslegt, als an der anderen, und schneidet, wenn dies der Fall ist, auch nicht den Fuß zurecht, so daß das Pferd wagerecht stehen kann und nicht auf den Hacken, eben so wenig paßt er das Eisen sorgfältig und genau an, wie er sollte. Es ist eine schöne Sache, zu wissen, wann und wie viel man schneiden und wann man aufhören muß. Wohl sagt Einer: Woran soll ich erkennen, ob ein Huf unregelmäßig ist? Ich will es zeigen. Man nehme den Strahl als Richtschnur, er ist das Centrum des Fußes. In dieser Lage muß er erhalten bleiben. Nur sehr schwache oder abgetriebene Pferde, die ihre Füße nicht mehr in der Gewalt haben, oder solche, die man zu schnellerer Gangart, als sie leisten können, antreibt, streifen. Ich habe nie ein Pferd gefunden, dem ich das nicht hätte nach zwei bis dreimaligem Beschlagen abgewöhnen können. Allmählig geht man dann zu dem gleichmäßigen Eisen zurück.

Ein weiteres Uebel, das aus einem fehlerhaften Beschlage entsteht, liegt darin, daß man bei dem Auswirken den Vorderhuf zu lang läßt. Dadurch entsteht für das Pferd ein mechanisches Hinderniß, es kann den Fuß nicht gerade aufwärts und vorwärts bringen, es muß einen gewissen Bogen beschreiben und auf diese Weise streift es die Köthe des anderen Fußes.

Das Beschlagen der Pferde.

Lange Vorderhufe verursachen auch Streckung oder Verrenkung der Beugesehnen und anderer Theile, und so biegt sich bald das Knie vorn heraus in eine Linie mit dem verlängerten Vorderhufe. Dann wird sich die Beugesehne entweder verkürzen, oder das ringförmige Ligament am hinteren Theile des Kniees sich zusammenziehen, und so haben wir einen echten Fall von Knieverkrümmung, ein Uebel, welches leicht hätte vermieden werden können, und eine stete Beleidigung des Auges; das Pferd ist häufig krank, bis man die Operation des Sehnenschnittes vorgenommen hat und demnächst ein verständiger Hufschmied die Füße wieder gehörig in den Stand gesetzt hat. Erst dann kann das Thier wieder seinen ordentlichen Dienst thun. Dr. Cuming, ein sehr erfahrener Mann im Hufbeschlag, sagt über den Nachtheil des verlängerten Vorderhufes: „Ein weiteres Uebel entsteht, wenn man, wie so häufig, den Vorderhuf zu lang läßt. Das Pferd findet, daß ihm die starke Verlängerung des Vorderhufes als Hebelkraft ihm entgegenwirkt und gewöhnt sich bald daran, den Huf zu schleifen und zu schlingen, indem es das Körpergewicht auf das eine oder andere Quartier legt. Noch mehr ist dies der Fall, wenn man gegen alle Lehren der Natur an den langen Vorderhuf noch einen kleinen runden Stahlknopf vorn aufnagelt. Durch eine derartige Albernheit legt man zwischen das Gewicht des Thieres und den Grund, der es trägt, einen kleinen Metallknopf, so daß das Pferd sich nicht mit den Füßen vorwärts bewegt, sondern zu steifen beginnt. Wenn es sein Gewicht vorwärts tragen soll und die Last auf dem inneren Quartier geruht hatte, so wird der dicke Theil der Fessel nach Innen gewendet und von dem Zustande des anderen Fußes getroffen werden. Hatte das Pferd aber sich gewöhnt, das Körpergewicht auf das äußere Quartier des Hufes zu legen, so wird der innere Bogen des Eisens nach innen und aufwärts gedreht, und das Thier läuft Gefahr, das andere Bein zu verletzen. Selbst wenn das Pferd einen von Natur guten Gang hat und so beide Gefahren überwindet, wird es bei einer solchen Hufeisenform stets von denselben bedroht.

Der Vorderhuf hat von der Natur nicht jene Verlängerung nach vorn und nach unten, wie die Schmiede sie herstellen, eher umgekehrt. Die Hornsohle des Vorderhufes ist gewöhnlich kurz abgestutzt und in der Mitte nach rückwärts eingekerbt, so daß der Druck, wenn der Fuß den Boden betritt oder das Thier sein Gewicht fortbewegt, sich über den ganzen vorderen Theil des Hufes vertheilt. Dem entsprechend hat auch das Hufbein, welches das Innere des Hufes füllt, dieselbe Form. In England, Frankreich und wo sonst man Thierarzt-Schulen besitzt und dem Pferdebeschlage wissenschaftliche Aufmerksamkeit widmet, schließt sich auch die Form des Hufeisens mehr oder weniger der natürlichen Form des Fußes an. Das Pferd hat sich daran gewöhnt, es fühlt, daß ihm das Eisen Schutz gewährt und seine Gangart ist eine völlig natürliche. Weshalb ist es bei uns nicht eben so? Vielleicht ist die Gewohnheit schuld, daß man bei dem Beschlagen zu viel das Messer zum Reinigen des Hufes braucht.

Aber es ist unmöglich, demselben mittelst des Messers in allen Theilen die richtige Gestalt zu geben. Im Allgemeinen fehlt es an dem nöthigen Studium auf Seiten der Schmiede, sie verstehen zu wenig den Bau des Fußes und die Beziehungen zwischen ihm und den anderen Fortbewegungs-Organen.

Das Beschlagen der Pferde. 81

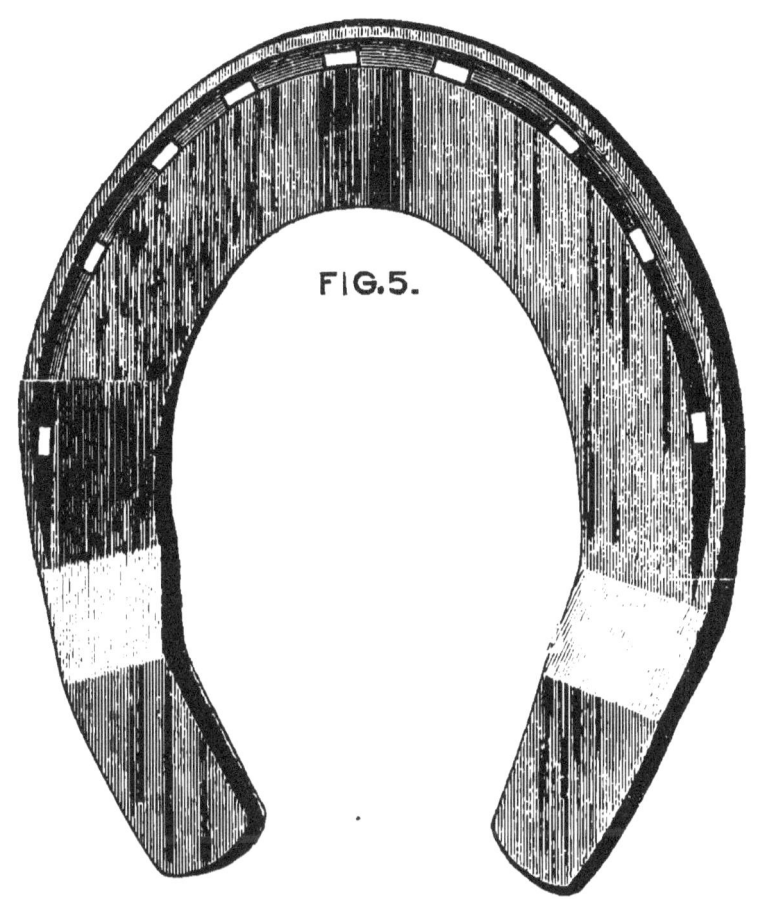

FIG. 5.

Das Eisen in Zeichnung 5 ist von eigenthümlicher Form, aber gegenwärtig von höchstem Nutzen, wenn man bedenkt, wie viele Pferde an den Füßen verkrüppelt sind. Es ist besonders werthvoll, wo Risse in den Quartieren, Leichdornen an den Hacken, Rähe oder zusammengezogene Hacken vorhanden sind.

Das Eisen ist meine Erfindung und in keinem Werke zuvor beschrieben worden. Es ist schwer gearbeitet, damit es nicht springe, dagegen den Fuß vorn festhalte und das Gewicht nicht auf der falschen Stelle hafte. Bei Vorderhuf-Rissen wähle man das Eisen in Fig. 6.

Pferde mit Rissen im Vorderhuf und den Quartieren beschlägt man am besten so: Bevor man den Huf auswirkt oder das Eisen auflegt, mache man Umschläge von Leinsamen oder Abkochung von Ulmen-Rinde und diese Umschläge lasse man mindestens 12 Stunden lang liegen, denn die Hornmasse muß erweicht und jeder Reiz oder jede Neigung zur Lahmheit entfernt werden. Dann entferne man mit dem abgerundeten Ende eines Messers alle fremde Masse aus dem Risse oder Spalte, darauf führe man eine feine Ahle von der Dicke eines Hufnagels in den Spalt ein quer durch diesen hindurch, wobei man sich hüten muß, zu tief zu gehen um die empfindlichen Gewebe nicht zu verletzen, welche im Innern des Hufes liegen. Dann führe man in das mit der Ahle hergestellte Loch den Stift oder Nagel ein quer über den Riß und verniete denselben dann sorgfältig mittelst Hammer und Beißzange, worauf die hervorbringenden Spitzen abgeraspelt werden. Der Huf muß dann über den Riß hinweg bis dicht hinauf zur Krone ausgeschnitten werden, so daß alle Verbindung zwischen dem Risse und dem neuen Hornwuchse abgeschnitten wird. Wenn der Riß ausgedehnter ist, mag es nothwendig sein, mehrere Stifte einzuschlagen. Sobald der Riß gehörig vernietet ist, bestreiche man die Stelle mit starkem Hirschhorngeist oder Fichtentheer, dann halte ihn durch häufiges Waschen mit kaltem Wasser kühl. Ein Eisen, wie in Fig. 5, welches rings um den Riß einen gleichmäßigen Druck übt, wird dann aufgeschlagen, um die Quartiere zu schützen, doch darf es nicht auf denselben ruhen. Drei Nägel auswendig, drei auf der Innenseite und drei in den Vorderfuß, alle so weit wie möglich von den Stollen entfernt. Diese Eisen-Form ist unter solchen Umständen die beste die man finden kann. Man benutze sie und bald wird das Pferd einen gesunden Fuß haben.

Das Beschlagen der Pferde.

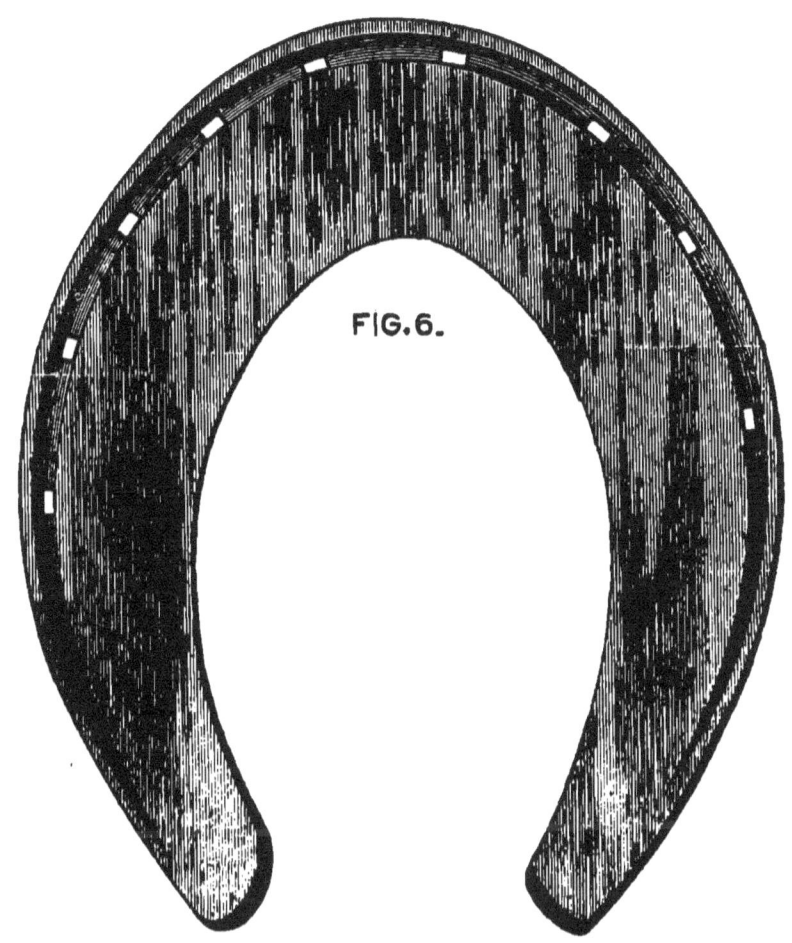

FIG. 6.

Nach meinen bisherigen Auseinandersetzungen über Hufbeschlag wird der Leser meinen, daß es leicht ist, einen starken, wohlgeformten Huf zu beschlagen und daß man nur nöthig hat, die Hornsohle abzuglätten und lockere Hornsubstanz, wo man sie findet, wegzuschaben. Wenn aber die Hornsohle eines Fußes nicht konkav, sondern platt oder konvex ist, so ist sie stets auch dünner und weniger im Stande Druck zu vertragen. Das Eisen für einen derartigen Huf muß breiter, als gewöhnlich sein und in der Gegend der Verbindung der Horn- oder Fleischsohle flach aufliegen, auch muß es tief ausgehöhlt sein, damit es die Sohle schütze, ohne sie zu drücken. Bei dem Aufnageln des Eisens sollte man die größte Sorgfalt verwenden, sonst kann leicht ein Nagel in die empfindlichen Gewebe eindringen und das Thier ist „vernagelt."

Endlich findet man mitunter die Füße des Pferdes verschieden geformt, entweder weil eine angeerbte Disposition hierzu vorlag oder in Folge schlechten Aufziehens oder anderer Ursachen. Daher sollten alle Personen, welche Pferde beschlagen, sich mit dem Baue des Fußes vertraut machen. In unserem Zeitalter des Fortschrittes, wo eine Verbesserung die andere jagt, darf ein Hufschmied die Augen nicht verschließen und muß mit dem Neuen fortschreiten.

Ich könnte nicht diese Abhandlung schließen ohne einige Bemerkungen über den vielgeschmähten Stand der Grobschmiede anzufügen. Es ist meine Ueberzeugung daß sie sehr oft ohne vernünftige Ursache gelästert werden. Sehr oft wird ein Pferd, das kürzlich beschlagen wurde plötzlich lahm. Die Ursache mag so verborgen liegen, daß der Eigenthümer und seine Rathgeber bei gewöhnlicher Beachtung den Sitz des Uebels nicht feststellen können und endlich kommen sie zu dem Schlusse, daß die Lahmheit die Folge schlechten Beschlagens war. Dies braucht durchaus nicht der Fall zu sein, denn manche Thiere sind zu Fußkrankheiten geneigt, welche mit dem Beschlagen nichts zu thun haben. S c h l e c h t e r Hufbeschlag kommt auch deshalb häufig vor, weil manche Schmiede sich nicht entschließen können, für ihre schwierigen und mit Lebensgefahr verbundenen Dienste ordentliche Bezahlung zu fordern, so daß sie wiederrum keine tüchtigen Gehülfen halten können und wenn, wie mitunter, ein Schmied nur ein wenig an den Füßen herumklappert und sich dafür ein Butterbrod geben läßt, so trifft den Eigenthümer mehr Schuld, als den Schmied.

Wenn P f e r d e b e s i t z e r sich gegen die Folgen schlechten Hufbeschlages schützen wollen, so mögen sie dem Schmiede Preise zahlen, von denen er leben kann, so daß er auch t ü c h t i g e Gehülfen anstellen kann. Eines der größten Wunder ist, daß so viele Pferde, die auf unserem harten Pflaster zum Ziehen gebraucht werden, noch von Lahmheit frei sind.

Das Beschlagen der Pferde.

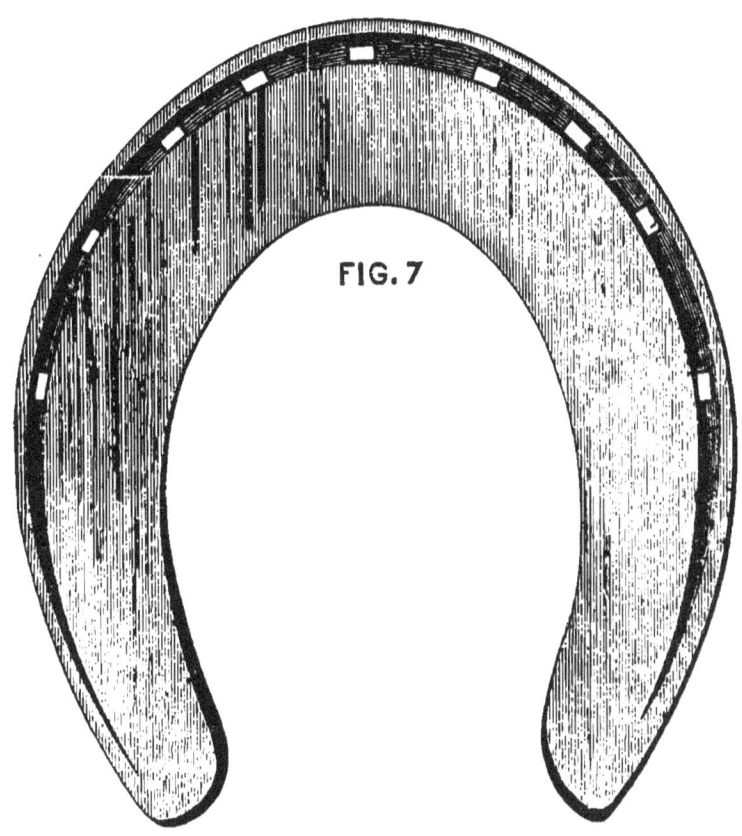

FIG. 7

Dies ist eine Hufplatte für den Vorderschuh eines Trabers. Sie ist sehr stark gearbeitet, konkav bis in die Hinterhufgegend, dann konver, die Nägel am Vorderhuf geben ihr Halt, das Gewicht kräftigt die Beine des Pferdes, wie der Gebrauch der Handeln den Arm des Menschen. Diese Eisen sind allgemein bekannt.

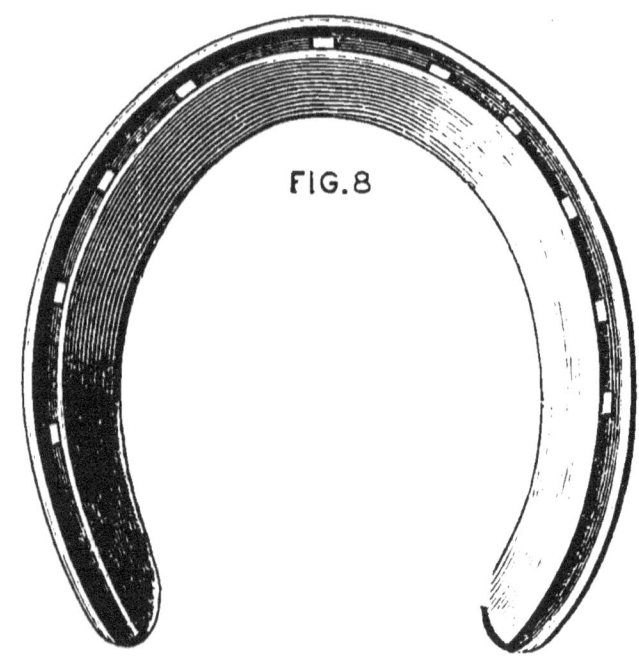

Dieses Eisen ist für die Hinterfüße des Trabers, es ist leicht und konver, damit das Pferd ohne Stollen doch nicht gleite. Auch diese Form ist bekannt.

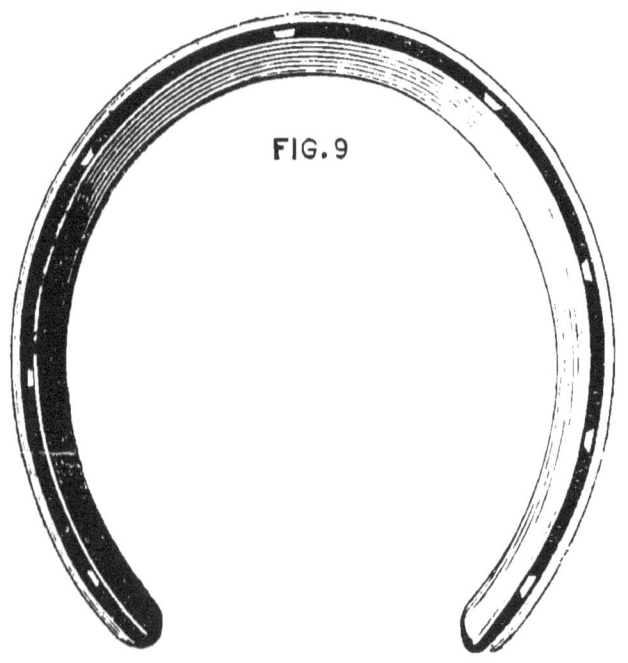

Fig. 9. Dies ist eine Stahlplatte für Rennpferde. Sie ist sehr leicht, wie es nothwendig ist, sie soll während des Rennens blos den Rand des Fußes schützen, sonst wird sie abgenommen und ein schweres Eisen wird angelegt.

Diese Eisen werden alle von mir gefertigt. Nicht jeder Hufschmied braucht sich seine Eisen selbst zu fertigen, denn das „National Stahleisen" mit solidem Griffe, gefertigt von der „National-Horse-Shoe Co." in Chicago ist gut und billiger, als das von Eisen und wird Jeden zufrieden stellen. Ich habe die obigen abgebildeten nur gefertigt, um das Prinzip zu erklären, nach welchem sie zu machen waren. Von den Nägeln halte ich den „Globe"-Nagel für den besten, nachdem ich alle Arten geprüft habe. Sie werden von der „Globe Horse Nail Co." in Boston fabricirt. Eisen und Nägel dieser Sorten hat jeder Eisenwaarenhändler.

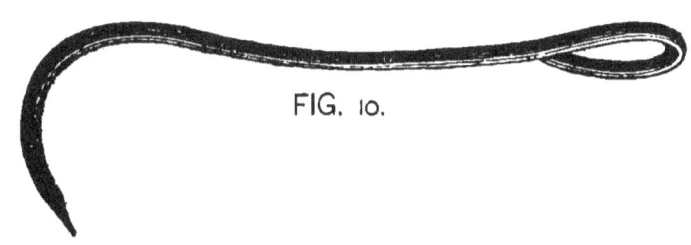

FIG. 10.

Dies ist ein Fußhagen, zu einfach und bekannt, um ihn näher zu beschreiben Man verwende ihn.

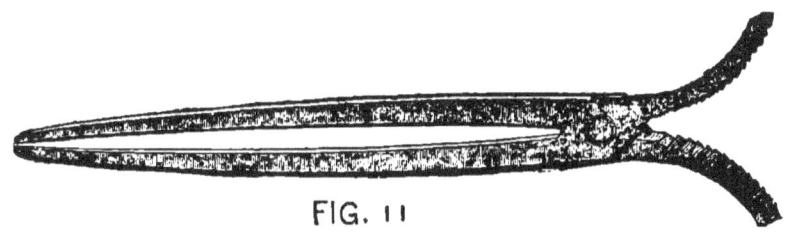

FIG. 11.

Dies Instrument dient zum Herausziehen der Nägel aus dem Hufe, ohne Anwendung des Hammers. Es ist ein sehr nützliches Instrument und alle Hufschmiede sollten es sich anschaffen, besonders wenn sie es mit kranken oder weichen Hufen zu thun haben, es arbeitet sehr sanft und erspart den Thieren mit weichen Hufen die Qual des Hämmerns.

Beschlagen der Maulesel.

Wie man das Pferd beschlägt, habe ich dargelegt. Ein Maulesel ist nach denselben Grundsätzen zu beschlagen, da aber der Huf des Letzteren mehr geneigt ist, vorn sich auszulegen und die Körperlast auf dem hinteren Theile des Hufes ruht, also das Zehengelenk und die Fessel mehr in Anspruch nimmt, als bei dem Pferde der Fall ist, so muß man bei dem Beschlagen den Vorderhuf soviel, als möglich zurückschneiden und den Hinterhuf hoch erhalten. Man passe das Eisen dem Rande des Fußes, namentlich nach hinten zu, an, ziehe aber nicht, wie so manche thun, die beiden Eisenenden nach Außen. Das Eisen selbst sollte ein wenig länger sein, als der Huf, um die Ballen hoch zu halten. Höhle die Stollengegend aus und in kurzer Zeit wird der Fuß sich ausbreiten und stark werden. Ich kann machen, daß der Huf eines Maulesel so groß werde, wie der eines Pferdes.

Einiges über die Regeln des Hufbeschlags.

Der Leser wird wissen, daß die Meinungen über die beste Methode des Hufbeschlags bedeutend auseinander gehen, doch ist nach meiner Ueberzeugung dasjenige System das beste, welches darauf berechnet ist, die natürliche Funktion der Füße, ihre Stellung und Bewegung zu erhalten und daher dasjenige Hufeisen benutzt, das den meisten Schutz gewährt und dabei doch zuläßt, daß der Hufstrahl mit dem Boden, auf welchem das Thier steht oder über den es sich bewegt, in Berührung komme. Besondere Vorschriften lassen sich in der allgemeinen Kunst des Hufbeschlags nicht machen, aus dem einfachen Grunde, weil die Füße nach Gesundheit oder Krankheit allzu sehr verschieden sind, so daß eine Eisenform, wie gar oft, sich in dem einen Falle als höchst zweckmäßig erweisen würde, während die nämliche sich in einem anderen Falle geradezu verderblich erweisen möchte.

Es wird allgemein angenommen, daß der Huf genügend elastisch ist, um gegen den Stoß und Anprall zu schützen, welcher mit jedem Niedersetzen des Beines verbunden ist. Diese Elasticität, wie wir sie an dem gesunden, frei entwickelten Hufe finden, wirkt nach unten und nach hinten, sie ist kaum wahrnehmbar, aber das ist sehr weise angeordnet, denn wenn sie sich stärker fühlbar machte, würde sie dem Hufe verderblich sein und die Möglichkeit, ohne Schaden ein Eisen anzubringen, würde sehr gering sein.

Es ist offenbar, daß die Natur dafür gesorgt hat, daß der Huf eine gewisse Beweglichkeit habe, deshalb ist er an den Hacken offen und dazwischen befindet sich eine weiche, elastische Substanz, der sogenannte Hufstrahl, welcher diese Beweglichkeit ermöglicht. Wäre eine solche nicht beabsichtigt, würde sich der Huf als ein hohler Cylinder zeigen.

Die Theile des Hufes, welche man laminæ oder Blätter nennt, sind aneinander gefügt und ihre Thätigkeit vermag eine Ausdehnung oder Zusammenziehung herbeizuführen, welche Beweglichkeit nur zum Theil oder ganz aufgehoben wird durch äußern Druck, wenn das Thier auf hartem Boden geht. Um nun dieser Beweglichkeit des Fußes nicht entgegen zu treten, sollte man die Nägel niemals näher nach den Ballen hin einschlagen, als nothwendig ist, damit die Eisen festsitzen. Würde man dieselben „rund herum" mit Nägeln anheften, so würde die Hornsohle vollständig festgelegt, die Beweglichkeit des Hufes aufgehoben und das Thier bald lahm werden. Oft sind blos drei Nägel nothwendig, das Eisen zu befestigen, dabei müssen aber die Nägelköpfe in die Rille eingesenkt und die Spitzen gut vernietet werden; ist dies nicht der Fall, dann wird das Eisen locker, da durch die vielfachen Stöße auf die Nagelköpfe beim Passiren harter Straßen dieselben den Halt verlieren. Wenn möglich, sollte der Hufstrahl in Berührung mit dem Boden kommen, denn er wirkt wie ein Polster und schwächt den Stoß und die Erschütterung ab, die sich sonst beim Auftreten fühlbar machen müßten. Er bildet einen Schutzwall und die Beschaffenheit des Bodens, auf dem das Pferd geht, bestimmt Form, Charakter und Ausdauer des Hufstrahls.

So finden wir gewöhnlich bei dem unbeschlagenen Fohlen, wenn sonst der Huf gesund ist, den Strahl wohlgeformt, stark entwickelt und hart, dies ist das Ergebniß der abhärtenden Stöße, welche das Thier bei der Bewegung auf harten Straßen gegen den Hufstrahl empfängt. Wenn wir dagegen ein Pferd untersuchen, welches lange im warmen Stalle gestanden hat, so finden wir, daß der Strahl häufig unvollständig ist, sowohl der Struktur, wie der Funktion nach. Die Natur schuf den Fuß nahezu rund, der Schmied gestaltet ihn zu einem Becken oder einem Platteisen, wie man ihn denn nach Belieben verunstalten kann.

Ich will dem Leser nicht die Ansicht beibringen, daß stets der Schmied für den Verlust eines Strahls zu tadeln ist; im Winter scheinen Stollen am Eisen unentbehrlich und unter solchen Umständen ist es fast unmöglich, die Berührung des Strahls mit dem Boden zu vermitteln, darunter mag der Strahl leiden. Außerdem giebt es verschiedene Krankheiten des Fußes, welche sowohl den Strahl wie andere Theile des Fußes angreifen können.

Ueber das Anlegen heißer Eisen.

Heiße Eisen, wie sie oft aufgenagelt werden, verbrennen leicht die Hornsohle und die Hufmasse, erhitzen die Temperatur des Fußes und stören direkt die Funktionen des Hufsystems, und wenn das Pferd Anlage zu entzündlichen Krankheiten hat, oder überhaupt zu akuten Fußkrankheiten geneigt ist, so wird das heiße Eisen, wie oft geschieht, die verborgene Anlage zur Entwicklung bringen.

Damit der Laie sich einen genügenden Begriff von den Theilen des Fußes machen könne, um sich selbst ein Urtheil über das Gesagte zu bilden, bemerke ich Folgendes: Vermittelst des Mikroskopes entdeckt man an der Innenseite des Hufes — an den oberen wie an den unteren Theilen — eine große Zahl von kleinen Löchern, wie in einem Siebe. Diese nennt man die Sohlenporen. Mit diesen in Verbindung stehen die empfindlichen Gewebe, zusammengesetzt aus harten Fasern, die man papillae — Warzen — nennt, fein organisirte Strukturen, bestehend aus dem zellenartigen, venösen, arteriellen und nervösen Gewebe. Angenommen wir nehmen ein Mikroskop von 250facher Vergrößerung, so erscheint jede papilla in der Größe von vier Fünfundzwanzigstel Zoll. Sie finden sich auf der ganzen Oberfläche der fleischigen Sohle. Die Papillen stehen mit den Poren in Verbindung und haben den Zweck, die ernährenden Stoffe auszuscheiden und so die Füße zu erhalten.

Die Poren sind die Aus- und Eingänge, die Abschlüsse und Anfänge der viele Tausende zählenden hohlen Röhren, welche zusammen die Wand und Basis des Hufes bilden. Aus diesen Hohlröhren reichen Fortsätze in die Hornsohle. Diese werden versenkt, erhitzt, in ihrer Struktur verändert, wenn ein heißes Eisen aufgelegt wird; ihre Funktionen müssen daher nothwendig gestört werden. In der Kruste, oder der Hufwand, ist die Anordnung der Röhren eine ziemlich senkrechte,

Das Beschlagen der Pferde.

die unteren nehmen an Länge zu und ziehen sich abwärts und vorwärts, dadurch geben sie dem Hufe Länge. An der Sohle liegen die Röhren horizontal und sind viel zahlreicher. Daraus erklärt sich der natürliche Proceß der Verdickung der Sohle. Die Röhren der Hufwand und der Sohle stehen mit einander in Verbindung; wenn man also in der Gegend ihres Zusammenschlusses schneidet, oder raspelt, so werden ihre Kanäle geöffnet und die Verbindung wird geschwächt. Daraus folgt eine Verschiebung der Hornplättchen, die schließlich zu einem Plattfuße ausartet. Wenn man also ein rothglühendes Eisen den lebenden Fibern eines gesunden Fußes nahe bringt, so werden nothwendig die Poren zusammengezogen werden müssen und ihre Funktionen gestört werden.

Der Leser wird wissen, daß feuchte Hitze die Fibern des menschlichen Körpers aufzulösen sucht und daß bei Anwendung trockener Hitze das Gegentheil der Fall ist. Ein heißes Eisen zieht ganz offenbar die Feuchtigkeit aus und wird dafür den betroffenen Theilen eine außerordentliche Menge Wärmestoff zuführen. Damit wird der Fuß nicht allein mit Kohlenstoff gefüllt, sondern auch in einen fieberhaften und entzündlichen Zustand versetzt. Zum Erweise dessen erwähne ich des Berichtes eines berühmten französischen Fachmannes. Derselbe stellte durch eine Reihe von Untersuchungen fest, daß die Hufwand wie die Sohle Leiter des Wärmestoffes sind, daß aber die Leitungsfähigkeit der Hufwand geringer, als die der Sohle ist. Er fand ferner, daß binnen 4 oder 5 Minuten nach der Verbrennung das Thermometer den höchsten Hitzegrad in der Sohle anzeigte. Je dünner nun die Hornwand ist, um so mehr Hitze wird dem inneren Hufe zugeführt werden. Nachdem die Leitungsfähigkeit der Hornwände festgestellt war, galt es den Grad der Hitze zu ermitteln, die nach den empfindlichen Geweben geleitet wird. Aus 12 Versuchen, die man machte, um dieses dunkle Gebiet aufzuhellen, ergab sich folgendes:

Erstens: Daß das gewöhnliche Eisen, in Rothglühhitze auf eine Hornsohle von einem Zoll Dicke gelegt und für eine Minute daselbst gehalten, veranlaßte, daß die verbrannten Theile, ohne daß der Huf zuvor ausgewirkt war, drei bis vier Grad Wärmestoff an die warzigen und die Netzgewebe abgegeben hatten.

Zweitens: Daß die größte Zuführung des Wärmestoffes mittelst des Thermometers zwischen der vierten und sechsten Minute nach Auflegen des heißen Eisens bemerkt wurde.

Drittens: Daß die Sohle, die bis auf Dicke von einem drittel Zoll abgeraspelt war, so daß sie unter dem Druck des Daumens nachgab, die zerstörten Warzengewebe blosgelegt zeigte, wenn das rothglühende Eisen eine halbe Minute aufgelegt blieb.

Viertens: Daß bei einer nur achtelszölligen Dicke der Hornsohle die Warzengewebe sowohl, wie die Netzgewebe durch den Wärmestoff zerstört wurden, wenn das glühende Eisen nur eine halbe Minute auflag.

Weitere zwölf Versuche mit einem zwar heißen, aber nicht r o t h glühenden ergaben:

Erstens: Das s c h w a r z e glühende Eisen, auf die Sohle gelegt, führte in der gleichen Zeit dem empfindlichen Gewebe m e h r Wärmestoff zu, als das rothglühende that.

Zweitens: Das schwarze Eisen brannte bei gleicher Dicke der Sohle stärker und tiefer ein, als das rothglühende.

Drittens: Diese Beobachtungen bestätigen, was schon 1857 der ältere Lafosse lehrte, daß nämlich nicht das rothglühende Eisen am häufigsten Verbrennungen der fleischigen Sohle veranlaßt, sondern das dunkel glühende.

Manche Sachverständige behaupten, daß wenn die verbrannten Theile der Sohle unmittelbar darauf mit den geeigneten Werkzeugen beseitigt werden, die Verbrennung und ihre Folgen aufgehoben seien. Ich habe indeß durch Messungen mit dem Thermometer gefunden, daß dies nicht der Fall ist und habe es durch direkte Versuche bewiesen.

Der Leser wird einsehen, daß die Gefahr des Beschlagens mit heißen Eisen nicht grundlos ist und nicht in der Einbildung beruht, wie Manche behauptet haben. Freilich haben wir eine Menge Bücher über Hufbeschlag, aber manches Pferd und sein Eigenthümer wären besser daran, wenn dergleichen nie geschrieben wäre.

Einige Schmiede meinen, daß es nothwendig sei, heiße Eisen aufzulegen, um die unebenen Stellen zu entdecken, welche bei einem fehlerhaften Auswirken des Hufes entstanden. Aber ein t ü c h t i g e r Mann mit guten Werkzeugen kann eine ebene Sohlenfläche herstellen, daher braucht ein t ü c h t i g e r Arbeiter nicht zum heißen Eisen zu greifen. Nur wenn

Das Beschlagen der Pferde.

er entweder in alten Irrthümern befangen, oder ungeschickt ist, wird er es thun wollen.

Jeder anständige Schmied sollte also die heißen Eisen bei Seite lassen, aber es giebt so viele, die Nichts lernen und Nichts vergessen und bei dem alten Schlendrian bleiben. Einzelne Schmiede sollen die heißen Eisen nur deshalb anwenden, um Hufmasse zu verkohlen, so daß sie dann den Huf leichter auswirken können. Dabei wird aber in den meisten Fällen zu viel Hornmasse entfernt werden und dann hat das Pferd weiche Füße.

So hat denn nach dem obigen kein Schmied eine Entschuldigung mehr für die Anwendung des glühenden Eisen, wohl aber wird er sein Geschäft stetig haben, wenn er den Geboten der Vernunft und der Menschlichkeit folgt. Ich will mit Aufstellung der obigen Grundsätze nicht an dem wackeren Schmiede tadeln und mäckeln, „des Brauen sind oft feucht von ehrenhaftem Schweiß", eine wohlbekannte Thatsache ist es, daß die Lahmheit des Pferdes oft fälschlich einem fehlerhaften Beschlage zugeschrieben wird. Oft genug zeigt ein Pferd kurz nach dem Beschlagen Lahmheit und diese soll dann der Schmied verschuldet haben. Allein die Lahmheit sitzt in der Schulter und der Schmied ist völlig unschuldig.

Etwas über den Strahl.

Verschiedene Gründe verlangen, daß größere Mengen des Strahles nicht weggenommen werden. In dem gesunden Hufstrahle befindet sich eine keilförmige Portion Horn, welches gerade unter dem kleinen, aber sehr wichtigen Navicular-Knochen liegt. Dieser Knochen, seine Umgebung und seine Länge sind oft der Sitz einer sehr schmerzhaften Krankheit entzündlicher Natur. Nach Angabe von Autoritäten entsteht diese Krankheit in Folge der Wegnahme jener knolligen Fortsetzung des Strahls, welche den Zweck hat, bis zu einem gewissen Grade diesen Knochen und seine empfindliche Umgebung zu schützen und vor Verletzungen zu bewahren, die sonst leicht vorkommen könnten, wenn das Thier schnell harte und unebene Straßen passiren muß.

Ein bedeutender Sachverständiger versichert, daß dieser knollige Strahl-Fortsetzung sich nicht wieder ergänze, wenn er einmal abgeschnitten sei und so fänden wir auch diesen seltsamen Fortsatz selten mehr bei einem

Pferde, das überhaupt einmal nach Auswirkung des Hufes beschlagen wurde. Ich glaube, daß man allerdings den Strahl möglichst wenig schneiden soll, dazu beschlage man so, daß die Ballen nicht krampfhaft zusammengezogen werden, wende reichlich schwarzes Oel=Liniment und Fichtentheer an und der knollige Strahl = Fortsatz wird sich nun bilden. Dieser—ebenso wie die ganze Hornsubstanz im Strahl beschützt nicht blos die Gegend des Navikular=Knochens, sondern auch das Hufbein=Gelenk und dennoch wird gerade dieser Theil der Sohle am meisten beschnitten.

Wenn man den Knollen des Vorderhufes entfernt, so wird eine ver=mehrte Ausscheidung von Hornsubstanz stattfinden, um den Verlust zu ersetzen. Diese Ausscheidung ist oft sehr reichlich, aber die Natur kann nicht gegen den unsinnigen Gebrauch des Messers ankämpfen. Je mehr der Huf nachwächst, um so mehr wird bei jedem nächsten Beschlagen daran herumgeschnitten, bis endlich die Ausscheidungen nicht mehr genü=gen und der Theil unelastisch und bröcklich wird.

Der Strahl als Ganzes dient als Kissen, er verhindert den Prall und die Erschütterung, welche beim Auftreten sonst nicht nur das empfindliche Gewebe des Hufes, sondern auch die darüber liegenden Ge=lenke treffen würden und sich vielleicht dem ganzen Körper mit=theilen könnten. Der Strahl entwickelt sich nach demselben Plan, wie die übrigen Theile des Hufes, und wenn diese sämmtlich gesund sind, so ist der ganze Huf tadellos. Da der Strahl ein Theil der Basis des Pferdekörpers ist, darf er nicht ungestraft entfernt werden. Schneidet man ihn weg, so daß bei dem Auftreten nur das Hufeisen mit dem Bo=den in Berührung kommt, so ist die Sohle des Pferdes zu wenig gestützt, daraus entsteht eine Zersplitterung der Hornplättchen und schließlich Herabsenken und Krankheit der Sohle. Dann folgt eine Veränderung in der Struktur der Gewebe und sonstigen Theile des Hufes und schließ=lich ist das Thier rähekrank und hat steife Füße.

Wenn man den Fuß für das Beschlagen vorbereitet, mag man vom Strahl so viel lockere und rauhe Masse entfernen, wie sich im Laufe der Zeit selbst abgestoßen haben würde, wenn es unbeschlagen geblieben wäre, aber selbst das ist nicht einmal zweckmäßig denn diese abgenutzten Theile dienen noch immer dazu, die darunter entstehenden Neubildungen zu schützen und sollten nicht entfernt werden, bis letztere vollständig sind. Allerdings sieht der Strahl, nachdem er geglättet, besser aus, aber das bedingt noch nicht die Gesundheit. Gar manches schön aussehende Pferd kann in Folge von Erbanlage und innerer Krankheit schnell dem Abdecker verfallen. Mit Messer und Raspel läßt sich ein schön aussehender Huf herstellen, die Hauptsache ist aber, ihn gesund zu halten. Es gab eine Zeit, wo die Thierärzte selbst das Wegschneiden des Strahles empfahlen und viele Schmiede halten daran noch fest. Ein Schriftsteller sagte, daß der Strahl durch seinen Bau, sowie die geringere Widerstandskraft förmlich zum Schneiden einlade, so daß nur wenige Schmiede der Versuchung widerstehen könnten. Einer der tüchtigsten englischen Militärärzte erklärt, daß er kein Messer an den Strahl kommen lasse, da die Erfahrung ihn gelehrt, daß derselbe nicht dieselbe Kraft der Neubildung besitze, wie andere Huftheile. Der Genannte besitzt Pferde, deren Strahl seit länger als fünf Jahren nicht beschnitten wurde. In Wahrheit werden die abgenutzten Theile des Strahles schon von selbst abgestoßen, nachdem darunter sich ungestört der neue Nachwuchs gebildet hat.

Druck auf den Strahl.

Goodwin sagt: „Unstreitbar muß der Strahl, wenn er nicht einen gewissen Druck zu ertragen hat, entarten und nicht mehr im Stande sein, die darunter befindlichen Stellen genügend zu schützen. Die Hacken werden sich allmählig zusammenziehen, da die Streben allein dies nicht mehr verhindern können, so sehr sie sich auch stemmen. Daraus folgt indeß noch nicht, daß der Druck ein beständiger sein muß. Auch ist noch nicht gesagt, daß selbst bei einem gesunden Fuße jederzeit ein Eisen zu verwenden ist, in welchem der Strahl den Boden berühren kann, wenn das Thier auf einer ebenen, harten Oberfläche steht. Im natürlichen Zustande berührt der Strahl fast allezeit den Boden und fühlt keinerlei Beschwerden davon, wenn aber sein Rücken Lasten zu tragen hat, und es muß auf harter Straße laufen, liegt die Sache anders und wollte man den Strahl fortwährend solchem schweren Drucke ausgesetzt lassen, müßte Lahmheit eintreten." Dennoch ist ein gewisser Druck nothwendig, sonst würde eine Verschiebung der Hornplättchen eintreten. In Schottland gelten folgende allgemeine Regeln über den Hufbeschlag: Die Geschicklichkeit des Schmiedes ist zuerst maßgebend, er muß erkennen, welche Gestalt er dem einzelnen Fuße zu geben hat, ebenso wie er die Tragsohle zu schneiden hat, um dieser nachher das Eisen anzupassen. Ist in solcher

Weise der Fuß hergerichtet, mag er gesund sein oder nicht, so gilt es das Eisen regelrecht aufzulegen. Dazu müssen die Oberflächen des Hufes und des Eisens genau verglichen u. letzteres versuchsweise einige Male angepaßt werden, wobei bald ein wenig Hornmasse weggenommen, bald das Eisen mit dem Hammer nachgearbeitet wird. Vom Hufe sollte übrigens nur s o w e n i g a l s m ö g l i ch weggenommen werden, keinenfalls mehr als erforderlich, demselben die erforderliche Abrundung zu geben. Unter den kranken Hufen kommt am häufigsten die Entartung der Hufmasse an den Seitenwänden vor und ist einer fehlerhaften Beschlagsweise zuzuschreiben. Zunächst wurde der Fuß in unverständiger Weise zum Beschlagen hergerichtet, dann wurde ganz vernunftwidrig beschlagen, so daß das Eisen den Huf niederzog, ja mitunter, wie ein Hebel der Bewegung des Fußes entgegenwirkte, so daß der Huf muthwillig ruinirt wurde. In anderen Fällen kommt der Fuß auf einer Seite höher zu stehen, als auf der andern, so daß das ganze Glied aus seiner Richtung gedrückt wurde. Um solche Fehler zu vermeiden muß man sie zuerst kennen. Bei der Herrichtung des Fußes für den Beschlag hat man es hauptsächlich mit den Hufwänden zu thun, sind diese in die rechte Verfassung gebracht und das Eisen gut angepaßt, so ist die Hauptsache gethan, ist der Beschlag aber ein schlechter, so wird die Sohle leicht durch Ausscheidungen von Hornmasse aus den Hufwänden umfaßt und der Huf entartet. Dann aber schneide man keine Löcher in die Sohle, sondern stelle das Gleichgewicht des Fußes wieder her, indem man die störenden Ursachen entfernt. Die zur Bearbeitung des Hufes vorhandenen Elemente sind fast alle unpraktisch und es ist nicht wahr, daß ein guter Arbeiter mit irgend welchem Instrumente arbeiten könne, im Gegentheil muß er, wenn er seine Zwecke erreichen will, sich geeignete Werkzeuge ersinnen. Wir haben zur Bearbeitung des Hufes Messer und Raspel und beide sind vor 60 bis 70 Jahren entstanden, als eine ganz andere Theorie des Pferdebeschlages herrschte, als heute. Früher noch wurde das Wirkeisen angenommen, welches überall im Gebrauch war. Dem verstorbenen Professor Coleman hauptsächlich ist seine Beseitigung zu verdanken, denn es war ein unhändiges, plumpes Instrument und genügte bei Weitem nicht modernen Anforderungen. Es galt früher die Regel, daß die Hornsohle fast ganz weggeschnitten oder wenigstens dünn ausgewirkt wurde, so daß oft das Pferd beschlagen wurde, nur die Streben wurden stehen gelassen, zwischen diesen arbeitete man mit dem Messer, nicht etwa, um das Eisen gut an die Sohle anzupassen, sondern um möglichst viel Hufmasse zu entfernen. Die Raspel wird gebraucht, um die Hufwände abzutragen, und so begegnen sich beide Instrumente in ihrem Zerstörungswerke. Das Messer vertilgt die Sohle und läßt nur einen schmalen Rand der Hufwand stehen, und diesen reißt die Raspel weg. Nun wählt aber jeder Handwerker, der eine glatte Oberfläche herzustellen wünscht, nicht ein kleines Instrument, sondern ein solches mit breiter Schneide, der Schreiner wählt nicht den Meißel, sondern den Langhobel, der Schlächter greift bei dem Zertheilen größerer Fleischstücke nicht zum Taschenmesser, sondern zu einem mit breiter Klinge, der Schneider hat seine Zuschneideschcere u. s. w. Kleine Instrumente verursachen Löcher und Unebenheiten, sie zerstören zu viel, und so wirkt denn auch das Messer auf den Pferdehuf.

Weshalb man dieses in England trotzdem einführte und lange beibehielt, erklärt sich daraus, daß das Londoner Thierarzt-Collegium [vor etwa 70 Jahren] es zuerst adoptirte, von da aus ging es in die Armee und das Wirkeisen wurde abgeschafft, die Hufschmiede folgten, denn es hieß, der Huf müßte mit dem Messer bearbeitet werden und die Pferdebesitzer verlangten es. Gleichzeitig begannen die Fabrikanten von Raspeln an Stelle der kleinen Feilen die rauhen, scharfen Raspeln in den Markt zu bringen, mit denen ein kräftiger Mann durch wenige Striche den Huf angreifen oder völlig zerstören konnte. Unsere Aufgabe ist es, ein rationelles System an die Stelle des jetzt herrschenden zu setzen.

In die Eisen-Hauen.

Dieses unangenehme Geräusch entsteht durch das Anschlagen des Vorderhufes des Hinterbeines gegen das Eisen des Vorderbeines. Beim Traben werden ein Vorderfuß und der entgegengesetzte Hinterfuß gleichzeitig vom Boden gehoben und vorwärts bewegt, der andere Vorderfuß und der entgegengesetzte Hinterfuß bleiben so lange auf dem Boden, um das Gleichgewicht zu bewahren. Da nun der Schritt oder der Raum, den diese Beine überschreiten, oft größer ist, als der Abstand zwischen Vorder- und Hinterfuß, so ist es erforderlich, daß die Vorderfüße abwechselnd rechtzeitig aus dem Wege des nachfolgenden Hinterfußes gebracht werden. Oft kommt es dann (namentlich bei ungenügend eingebrochenen Pferden, die ihren Schritt noch nicht kennen, oder solchen, die hohe Hinterquartiere und niedrige vorn haben,) vor, daß der Vorderfuß noch nicht gehoben ist und der Hinterfuß ihn trifft. Gewöhnlich geschieht dies, wenn der Vorderfuß erst halb erhoben ist und der Vorderhuf des Hinterfußes trifft ihn dann in der Mitte der Sohle unter dem Vorderhufe. Das giebt dann ein häßliches Geklapper, ist aber auch nicht frei von Gefahr, denn es kann vorkommen, daß ein Pferd (namentlich wenn es seine Beine so wenig in der Gewalt hat) mit dem Hinterfuße gerade gegen die Stollen-Ausläufer des Vordereisens tritt und dieses lockert oder verschiebt, oder die beiden Eisen verfangen sich in einander und das Thier stürzt zu Boden, oder der Schlag trifft höher gegen die Sehne und Anschwellung und Lahmheit ist die Folge. Ein solcher Schlag mag die Ballen des Vorderfußes treffen und ein Eitergeschwür verursachen, wenn die Verletzung vernachlässigt wird. Die Ballen werden am häufigsten getroffen, mitunter auch die Fesseln, das Eisenhauen kommt am ehesten in schwerem Boden bei schneller Gangart vor und die innere Ausbeugung des Eisens verursacht die Verletzung. Man hat verschiedene Behandlungsmethoden, was bei einem Pferde hilft, schlägt bei dem anderen nicht an.

Einige Pferde greifen mit den Vorderbeinen, andere mit den Hinterbeinen zu weit aus, bei manchen helfen daher lange, schwere Eisen, so daß das hintere Eisen unter den Ausläufern des Vorderfußeisens anschlägt, anstatt bei kurzen Eisen hinter dieselben zu treffen. An den Hinterhufen verwende man leichte Eisen, die am Vorderhufe etwas zurückgesetzt sind, während der Hand vorspringend gearbeitet ist. Dieser Beschlag ist gut für alle Hinterfüße, auch wenn man schwere Eisen wählt, in manchen Fällen mag man es aber zweckmäßig finden, zweipfündige Eisen hinten und halbpfündige vorn aufzulegen, ich habe viel damit erreicht. Der Zweck, die Füße zu beschweren, ist, ihre Bewegung langsamer zu machen, mit leichten Eisen versieht man sie, wenn man die Bewegung beschleunigen will. Ist der Vorderfuß leicht beschlagen, wird er rechtzeitig aus dem Wege sein, während der Hinterfuß durch schwere Eisen zurückgehalten wird. Dies Alles muß man durch Versuche finden, der erste wird selten gleich gelingen. Auch die schnellere oder langsamere Bewegung des Pferdes ist zu berücksichtigen. Nie fahre man zu schnell.

Das Beschlagen der Pferde.

Leichtdornen am Fuße des Pferdes.

In den Winkeln, zwischen den Quartieren und den Streben, hat das Horn der Sohle mitunter eine röthliche Farbe und ist weicher und schwammiger als anderswo. Wenn man auf die Stelle drückt, zieht das Pferd den Fuß zurück und es tritt vorübergehende oder dauernde Lahmheit ein. Dieses Uebel nennt man Leichtdornen oder Hühneraugen, sie haben die Aehnlichkeit mit denen des Menschen, daß sie ebenfalls durch Druck erzeugt sind und Lahmheit erzeugen. Werden sie vernachlässigt, so wird in dem betreffenden Theile der Sohle so starke Entzündung hervorgerufen, daß Eiterabsonderung erfolgt, welche die ganze Sohle unterfrißt oder durch die Hufmasse ausgeschieden wird. Dabei wird ein starker Druck ausgeübt, der sich in verschiedener Weise äußert. Wenn der Fuß zusammengezogen wird, so richtet sich der Druck auch gegen den Theil der Sohle, der an die äußere Einwärtsbeugung der Hufwand anstößt und da die Streben sich der Zusammenziehung widersetzen, so entsteht heftige Spannung, die zur Entzündung führt. Daher sieht man selten einen zusammengezogenen Fuß ohne Leichtdornen. Wenn das Eisen zu lang ist, werden sich dessen Enden in die Ballen des Fußes einsenken, die äußere Hufwand wächst an der Außenseite des Eisens weiter und die Sohle verliert in diesem Theile ihre regelmäßige Gestalt. Sie vermag den fortgesetzten Druck nicht zu ertragen, und das Ergebniß sind Entzündung und Leichtdornen. Wenn aus Sparsamkeitsrücksichten die zu langen Eisen zu lange an den Hufen gelassen werden, lockern sie sich nach hinten, Sand setzt sich zwischen Huf und Eisen fest und verursacht mitunter schlimme Verletzungen. Die Streben werden zu oft weggeschnitten, dann ebenso die Ballen, und schließlich werden Eisen aufgelegt, die nach hinten ausgehöhlt sind, damit sie sich dem so verstümmelten Fuße anpassen. So ist von vornherein eine Neigung zur Zusammenziehung gegeben und die Sohle leidet nach zwei Richtungen hin, sie wird von dem Eisen gedrückt und zugleich zwischen die Hufwand und die äußeren Streben gedrückt. Oft ist das Eisen nach hinten zu weit; wenn dann das Eisen sich an den Fuß anfügt, ruhen die Ballen auf dem Eisenrande, und da die Eisen selbst ausgehöhlt sind, werden Druck, Zusammenziehung, Beulenbildung und Leichtdornen die Folge sein. Wenn man den Fuß auswirkt, lasse man die Querstreben des Pferdes unberührt, beseitige das

Horn in dem Winkel zwischen den Streben und dem äußeren Hufrande, und passe dann die Eisen gut dem Hufrande an, mache die Enden konver, so daß das aufgeschlagene Eisen die Ballen nach auswärts drückt, dann werden Leichtdornen fern bleiben. Das unbeschlagene Fohlen hat deren sehr selten. Die Ballen haben an sich eine natürliche Kraft, sich auszudehnen, wir müssen daher annehmen, daß falscher Hufbeschlag die Veranlassung zu Kontraktionen und Leichtdornen bildet. Ich habe ein achtzehn Jahre altes Pferd gesehen, das nie beschlagen war, seine Füße waren in jedem Theile gesund und vorzüglich entwickelt, denn sie waren im Naturzustande. Ich behaupte aber, daß man ein Pferd sein Lebenlang beschlagen und dabei doch die Füße frei halten kann von Kontraktionen und Leichtdornen. Mitunter muß ein Schmied, seines Erwerbes wegen, den Geboten eines eigensinnigen, unverständigen Pferdebesitzers nachkommen, dann ist er von Verantwortlichkeit frei. Oft besteht Einer aus Sparsamkeit darauf, die alten Eisen möglichst lange beizubehalten, aber sie haben sich schon in die Hufmasse eingelagert, es erfolgt Druck auf die Sohle, Bluterguß in die Poren des weichen, entarteten Hornes und Eiterung muß eintreten. Am häufigsten finden sich Leichtdornen bei Pferden mit dünner, flacher Sohle und weichen Ballen. Bei veralteten Leichtdornen ist die Heilung schwieriger, aber immer sicher. Leichtdornen werden durch gutes Beschlagen beseitigt. Ich grabe sie aus, bis ich zur Fleisch-Sohle gelange und Blut fließt. Ich benutze dabei ein sogenanntes „Jack Knife," das zweischneidig an der Spitze ist, so daß ich tief gehen kann, ohne ein zu großes Loch zu machen, schone dabei die Hufwand und die Streben, hebe dann den Fuß, gieße das Loch voll Salzsäure, brenne es dann mit einem heißen Eisen aus, daß das Hühnerauge vernichtet wird, lege dann das Eisen von Figur 5 sorglich angepaßt auf, schlage die Nägel im Vorderhufe ein und fülle das Wundloch mit Baumwolle in Fichtentheer getränkt, das hält den Schmutz ab und heilt die Hufmasse. Das Eisen muß öfters zurecht gepaßt werden, bis die Wunde völlig zugeheilt ist. Wenn man ein weiches Hühnerauge entdeckt, schneide man es aus und lasse tüchtig nachbluten, damit die Entzündung wegbleibt, dann folgt dieselbe Behandlung, wie zuvor angegeben.

Ein guter Hufbeschlag wird vor Allem die Hühneraugen fernhalten oder beseitigen.

Eingetretene Nägel oder Splitter.

Zuerst zihe den Nagel oder Splitter heraus, jemehr dabei Blut fließt, desto besser. Geschieht dies nicht, nimm ein spitziges Messer, reinige die Wunde und lasse tüchtig bluten, damit das Gift entfernt werde. Schneide von der Sohle oder dem Strahl nicht mehr ab, als Du mußt, gieße ein paar Tropfen Salzsäure in die Wunde und brenne sie mit einem heißen Eisen aus, fülle sie mit Theer und bedecke die ganze Sohle mit Pferdemist. Ist andern Tages das Thier lahm, öffne die Wunde, lasse nochmals bluten und wiederhole die Behandlung, damit Eiterung fern gehalten werde. Die Säure tödtet das Gift, der Theer heilt.

Recepte für Handwerker.

Schrauben und Schraubenmuttern zu härten.

Das ist einfach und sicher, ich verwende es seit 30 Jahren. Nimm eine Blechkanne, die eine halbe Gallone faßt, und fülle sie mit geschmolzenem Schweineschmeer, erhitze die Schrauben und Schraubenmuttern langsam und gleichmäßig, bis sie dunkelroth glühen, und wirf sie in das Fett, rühre sie darin umher und kühle sie so rasch als möglich ab, so sind sie gehärtet.

Mühlstein-Picken zu härten.

In sechs Quart Regenwasser mische eine Unze ätzendes Sublimat, 2 Unzen Ammoniaksalz, beides gepulvert, ein Pfund gewöhnliches Salz in ein wenig warmem Wasser gelöst, Alles gemischt. Erhitze die Picken langsam und gleichmäßig, so weit als sie gehärtet werden sollen, bis sie dunkelroth sind, stecke sie in die Mischung und kühle sie ab. Die Flüssigkeit ist giftig und in einem Steinkruge aufzubewahren.

Gußeisen oder irgend eine Stahlsorte zu schweißen.

Borax ein Pfund, Ammoniaksalz eine halbe Unze, Regenwasser ein Pint, zusammen über langsamem Feuer erhitzt und angerührt, bis alles Wasser verkocht ist. Der Bodensatz wird über dem Feuer gehalten und umgerührt, bis er fein wie Mehl und völlig trocken ist. Dann lasse man die Mischung abkühlen, setze eine Unze schwarzes Mangan-Orid hinzu, mische Alles und mahle es durch eine Kaffeemühle. Benutze es wie Borax, nur in kleinerer Menge, es schweißt bei geringer Hitze, was Borax nicht thut. Das Mittel ist billig und viel wirksamer als Borax.

Das Pferde-Kummet.

—

Viel ist darüber geredet und geschrieben worden, und das arme Pferd hat doch noch zu leiden, denn die Kummete werden nicht richtig gemacht. Der Eine hat diese, der Andere jene Manier, Viele so, daß ein Kummet für jedes Pferd passen soll. Dies ist ein Fehler und hat unglaublich viele Nachtheile im Gefolge. Alle andern Theile des Geschirres wählt Ihr sorgfältig aus, nur bei dem Kummet seid Ihr nachlässig. Ihr spannt ein, fahrt aus, nehmt bei der Heimkehr das Kummet ab und laßt das Pferd in Schmutz und Schweiß stehen, wie es von der Straße kommt, und andern Tages ist das Pferd krank.

Ihr vermuthet alle möglichen Ursachen, nur die richtige nicht, das Thier bleibt lahm. Aber untersucht nur seine Schultern und Ihr werdet beim Betasten mit der Hand finden, daß diese und die nach den Füßen laufenden Sehnen gelähmt sind. Das Thier wird zusammenzucken, wenn Ihr die schmerzenden Stellen berührt. Habt Ihr sie gefunden, so greift sofort und zwar selbst ein. Wascht die Stelle mit Salzwasser und Essig, wie ich angegeben, und benutzt das schwarze Oel-Liniment, in wenigen Tagen wird Heilung da sein. Dann aber laßt ein Kummet machen, das über Brust und Schultern paßt, nicht blos zurecht gehämmert ist. Das Kummet muß an den Schultern elastisch und gepolstert sein, ein nicht vollständig passendes sollte nie verwendet werden. Mit Schnallen und Riemen sollte man kein Kummet zurecht zerren. Wenn ihr zum Riemer geht und fordert ein Kummet von der und der Größe, so giebt er es Euch natürlich, und wenn Ihr sagt, er soll Euch Schnalle und Riemen daran machen, damit Ihr das Kummet nach Gutdünken befestigen könnt, so thut er es auch, und er ist nicht schuld, wenn Ihr das Kummet nachher benutzt und das Pferd lahm nach Hause bringt. Es ist gerade so, wie wenn Einer für einen Bekannten auf's Gerathewohl ein Paar Stiefel kauft und ihm zumuthet, sobald sie natürlich nicht passen, daß er sie „austreten" solle. Thut er's, so wird er schlimme Füße, Hühneraugen u. s. w. bekommen, und der Arzt hält seine Ernte. Gerade so ist es mit dem Pferde-Kummet, das man auf's Gerathewohl kaufte.

Ich will noch bemerken, daß man kein Nacken-Kummet wählen soll, wenn man ein Brustkummet haben kann. Letzteres trägt sich leicht vor der Brust, läßt den Schultern freie Bewegung und ist bei heißem Wetter kühl. Die Hauptsehnen und Adern, welche von dem Nacken vorwärts und rückwärts durch Brust und Beine in die Füße laufen, sind ungehemmt, das Blut cirkulirt frei, die Schultern werden nicht zusammengedrückt.

Man beschütze nach Möglichkeit das Vordertheil des Pferdes, denn hier wird die Erschütterung beim Laufen am meisten empfunden, das Hintertheil ist weniger gefährdet. Farmer würden weniger kranke Pferde haben, würden sie das alte deutsche Kummet beim Pflügen und sonst so wenig Geschirr als möglich benutzen. Ich habe manche Pferde mit vollem Geschirr und vollständig aufgezäumt vor dem Pfluge gesehen, das ist ein Mißgriff.

An junge Handwerker.

Auswahl eines Handwerkes. **Ein jedes Handwerk genießt ein Ansehen.**

Die Wahl darüber, was ein Mensch werden will, eine der wichtigsten unsere Existenz betreffenden Fragen, welche jungen Leuten zur Beantwortung vorgelegt wird, wird nur zu oft durch die unbedeutendsten Umstände und ohne die geringste Erwägung der Fähigkeiten und Anlagen der betreffenden Person entschieden. Der eine wird Soldat, weil sein Urgroßvater beim Stürmen auf Cap Breton war oder sein Großonkel sich in der Braddock'schen Schlacht auszeichnete; ein Anderer studirt Medizin und hofft zum mindesten ein unfehlbarer Arzt zu werden, weil er der siebente Sohn eines siebenten Sohnes ist; und ein Dritter wählt die Rechtswissenschaft aus keinem andern Grunde, als daß seine Taufpathen ihn William Wirt, Daniel Webster oder John Sergeant nannten. Dies ist gewiß keine praktische Weisheit, welche uns lehrt, die besten Mittel zur Erreichung der edelsten Zwecke zu verwenden. Die Wahl eines Berufs erfordert zweifellos wenigstens dieselbe ernstliche Erwägung, welche uns die Vernunft in irgend einem anderen Falle des gewöhnlichen Lebens vorschreibt. Der Erfolg bei irgend einem Unternehmen hängt stets davon ab, ob wir tüchtig und passend dafür sind. Der Mensch erwartet keine Trauben von den Dornen oder Feigen von den Disteln; und dennoch erwartet er von seinen Söhnen und Töchtern einen Erfolg in Berufsarten, denen sie weder durch Anlage, Neigung oder Erziehung gewachsen sind, und was noch unvernünftiger ist, er erwartet, daß sie glücklich sein werden in Stellungen, welche ihrer Natur gründlich zuwider sind.

Ein Grund dafür, daß Eltern und Verwandte häufig Irrthümer mit Bezug auf diesen Punkt begehen — Irrthümer obendrein, zu deren Vergehen sie ihre Schutzbefohlenen direkt veranlassen, liegt in der leeren Einbildung, daß ein weitgehender und wesentlicher Unterschied in der Anständigkeit derjenigen Berufsarten herrscht, deren Ehrlichkeit allgemein anerkannt ist. Die Anständigkeit eines Berufs, wird man mir hoffentlich zugeben, muß zum großen Theil von dem anständigen Charakter der ihm Angehörenden abhängen, ob man dieselben im großen Ganzen oder einige hervorragende Geister nimmt. Wenn wir diesen Maaßstab anlegen, wird es äußerst schwierig sein, für irgend einen Beruf einen höheren oder besonders hohen Grad der Anständigkeit zu beanspruchen.

Genau genommen, ist in einem Lande wie das unsrige ein solcher Anspruch auf besondere Anständigkeit irgend einer Berufsart unerhört; und doch wird derselbe fortwährend von selbstolzen Vätern und einfältigen Müttern als ein Grund zur Feststellung des Berufs ihrer Kinder angeführt. Es ist eine fast allgemeine Annahme, daß ein Kaufmann, ein Geistlicher, ein Arzt oder ein Rechtsgelehrter etwas besseres sei und sein sollte, als ein Handwerksmann oder ein Farmer. Und doch ist dies im Grunde genommen nicht der Fall; wenn zum Beispiel besonderer Weise ein Kaufmann gesellschaftlich auf eine höhere Stufe stehen sollte als ein Handwerker, so ist dies mehr seinem Einflusse, hervorgehend aus seinem Reichthum, seiner Erziehung und seiner Familie als der Ueberlegenheit seines Berufes zuzuschreiben. Wenn zwei solche Leute, also ein Kaufmann und ein Handwerker, im täglichen Verkehr finden würden, daß sie mit Bezug auf Dinge, die außerhalb ihres Berufes liegen, denselben Geschmack und dieselben Neigungen haben, so würden sie nicht einen Augenblick auf die Ueberlegenheit oder Niedrigkeit ihres Berufs Rücksicht nehmen, sondern sofort Freunde werden, weil sie mit ihren Neigungen übereinstimmen. Deshalb sind hierzulande, soweit die wirkliche und wesentliche Anständigkeit in Betracht kommt, alle Berufsarten einander gleich und die gesellschaftliche Stellung, welche ein Mann einnimmt und der Grund der Achtung, über welche er gebietet, hängt nicht von seinem Beschäftigungszweige, sondern von seinem eigenen Charakter ab.

Wenn in irgend einem Theile der Ver. Staaten das dumme Vorurtheil, welches einen Landmann oder einen Handwerker von irgend einer Gesellschaft ausschließt, zu der er vermöge seiner Intelligenz und seines

An junge Handwerker.

anständigen Benehmens Zulaß finden sollte, noch nicht ausgerottet ist, so ist es hohe Zeit, daß die Duldung derselben seitens der gut erzogenen Leute aufhört. In der That würde die Regel, nach welcher ein Mann von irgend einem Empfangszimmer im Lande auf den einfachen Grund hin ausgeschlossen werden kann, daß er ein Handwerker sei, viele berühmte Leute von demselben Empfangszimmer ferngehalten haben: so Nathaniel Bowditch, der ein Seeman von Beruf war; Benjamin Franklin, der ein Buchdrucker war; Roger Sherman, der ein Schumacher war; George Washington, der ein Vermesser war; Lincoln, den Lattenholzhauer; Stephan A. Douglas, den Tischler; Grant, den Gerber; Andrew Johnson, den Schneider; Vicepräsident Wilson, der ein Schuhmacher war; Elihu Burrett, den Sprachkundigen, der ein Grobschmied war. Und so geht es fort, aus kleinen Eicheln werden große Eichen.

Aber die eingebildete Anständigkeit, deren sich ein Mann auf Grund seiner Stellung in der Gesellschaft erfreuen mag, kann unmöglich bei der Wahl eines Berufs als der erste und richtigste Beweggrund angesehen werden. Ein anderer und bedeutend wichtigerer Beweggrund beansprucht und mit Recht, in erster Linie Beachtung. Bei der Auswahl einer Berufsart sollten die Eltern und sollte, wenn er selbst wählt, der Sohn ernstlich und genau sich fragen: Welcher Beruf gewährt die besten Aussichten auf Glückseligkeit — au Glückseligkeit im edelsten und weitesten Sinne — auf Glückseligkeit, welche in Zufriedenheit, Unabhängigkeit und wirklicher Nützlichkeit besteht — auf Glückseligkeit, welche mit der gewissenhaften und erfolgreichen Pflichterfüllung hier auf Erden ihren Anfang nimmt und bis zu der niemals ausbleibenden gerechten Vergeltung eines zukünftigen Lebens reicht.

Die so vorgelegte Frage ist eine sehr weitgehende, und um zu vermeiden, daß ich mich in Allgemeinheiten ergehe, werde ich den kleinen, mir zu Gebote stehenden Raum auf einen beschränkten Theil dieses schwerwiegenden Gegenstandes verwenden und diesen Theil von einem einzigen Standtpunkte aus beleuchten. Ich beabsichtige mit diesem Artikel von vorneherein zu untersuchen, welche Aussichten einem Handwerker mit Bezug auf Nützlichkeit, Glückseligkeit und Achtung seitens der Mitwelt offen stehen—mit anderen Worten, zu untersuchen, wie ein Handwerker nützlich, glücklich und anständig sein kann.

An junge Handwerker.

Der Handwerker soll in seinem Beruf Meister sein.

Um nützlich, angesehen und glücklich zu werden, ist meiner Ansicht nach nothwendig, daß der Handwerker in erster Linie Meister seines Handwerkes sein sollte. Nachdem er in wohlerwogener Weise das Handwerk bestimmt hat, mit welchem er sich ernähren will, ist es von der äußersten Wichtigkeit, daß er seine ganze Thatkraft unverkürzt darauf verwendet, bis er alle Grundsätze und Einzelheiten desselben kennt. Nur dadurch kann derselbe sich leicht und zufriedenstellend zu einem Werkzeuge des Erfolges im Leben machen. Der unfähige oder halbausgebildete Handwerker befindet sich stets in ungeheuerstem Nachtheil. Er kann weder die besten Preise für die Erzeugnisse seiner Kunst erhalten, noch kann er seine Untergebenen mit der nöthigen Sorgfalt und Autorität überwachen. Stets ist er der Gefahr ausgesetzt, Unglück in seinem Geschäft zu haben oder dasselbe aus Ekel aufzugeben, nur um sich auf einen anderen Zweig zu werfen, für welchen er auf Grund seiner Erziehung ganz und gar nicht geeignet ist. Deshalb ist es ein lobenswerther Ehrgeiz, wenn er der beste unter seinen Handwerksgenossen zu sein sich bestrebt. Sein Motto sollte sein: Entweder ein Meister im Handwerk oder überhaupt kein Handwerker.

So wie ich den jüngeren Handwerker ermahne, ein Meister in seinem Geschäftszweige zu werden und seine ganze Thatkraft diesem Gegenstande zu widmen, so sehr möchte ich ihm die Wichtigkeit dessen an's Herz legen, daß er jeden Augenblick der Muße zur Ausbildung seines Geistes zu verwenden hat. In unseren größeren Städten sind vernünftiger Weise Gelegenheiten dazu genug durch Handwerker-Schulen, Lyceen und Bibliotheken gegeben. Aber selbst wo solche Gelegenheiten nicht gegeben, wissen wir auf Grund vieler berühmten Beispiele, daß die Kenntniß selbst unter den schwierigsten und entmuthigendsten Umständen erstrebt und erlangt werden kann. Wo immer der gute Same der Liebe zum Wissen ausgesäet ist, wird er aufgehen, wachsen und gedeihen, selbst wenn ein unbarmherziger Sturm darüber hinfegt oder der Frost der Vernachlässigung sich an ihm versucht.

Weshalb aber, könnte man fragen, sollte der Handwerker Liebe zur Wissenschaft oder zur Literatur haben? Ich antworte: erstens weil er ein Handwerker und zweitens weil er ein Mann ist.

An junge Handwerker.

Wenn der Arzt, der Advokat, der Staatsmann, der Geistliche in ihren verschiedenen Berufszweigen sich der Unterstützung der Wissenschaft und Literatur bedienen, so hat der Handwerker noch stärkere Gründe, dasselbe zu thun; denn in keinem der oben erwähnten Zweige sind die Resultate der Wissenschaft so direkt anwendbar und in keinem die Erholung im literarischen Studium so nützlich und angenehm wie beim Handwerker. Indem er sich zum Meister derjenigen wissenschaftlichen Grundsätze macht welche in der nahesten Beziehung zu seiner Beschäftigungsart stehen, kann der Handwerker neben der Befriedigung seines Wissensdurstes möglicher Weise auf irgend eine großartige Entdeckung stoßen, welche ihn schnell zu Ruhm, Ansehen und Vermögen führt; und wenn der leichtere Lesestoff, im Allgemeinen Literatur genannt auch keine solche Resultate verspricht, so gewährt es ihm doch das würdigste und unschuldigste Mittel zur Unterhaltung und gewährleistet ihm die Kraft und erhöht die Leistungsfähigkeit seines Verstandes. Deshalb sollte er derartige Beschäftigungen zu würdigen lernen, die ihm als einen tüchtigen Handwerker nützlich und für ihn passend sind.

Ich muß zunächst bemerken, daß der Handwerker, um sich zum vollkommenen Meister seines Berufs heranzubilden, sich vertraut machen sollte mit den neuen wissenschaftlichen Entdeckungen, die für seine Arbeiten anwendbar sind und daß er dieselben in der That zu Hebung seines Handwerks anwenden sollte.

Seit Lord Bacon zuerst der Naturwissenschaft das richtige Mittel zur Forschung an die Hand gab, waren die Männer der Wissenschaft eifrigst bemüht, die Zusammensetzung und daraus die Verarbeitung der Stoffe kennen zu lernen. Der Erfolg dieser Bemühungen hat denn auch solchen Einfluß auf den Fortschritt der mechanischen Künste gehabt, das letztere eine vor unserer Zeit nie geahnte Höhe erreicht haben.

Und in einer solchen Zeit steht es dem Handwerker nicht an, ein müßiger und unbeobachtender Zuschauer zu bleiben. In den Augenblicken der Muße und Erholung welche mit einer vernünftigen Eintheilung seiner Arbeit jeder genießen kann, sollte er seine Aufmerksamkeit den Fortschritten auch dem Gebiete der Chemie, der Mechanik und der Naturwissenschaft zuwenden, welche in sein Handwerk eingreifen. Er sollte sich derjenigen Handwerksschule oder demjenigen Lyceum anschließen, welches Vortrag, Versuche und Bibliothek als die besten Mittel zur Ausbildung an die Hand giebt. Er sollte die Gesellschaft und Bekanntschaftn derjenigen gebildeten Leute aufsuchen, welche vernünftig genug sind, den Verkehr mit einem gebildeten, praktischen Handwerker zu würdigen, und das Ergebniß seiner Forschungen, so weit dies vernünftiger Weise geschehen kann, auf Vervollkommnung seiner Erzeugnisse verwenden. Indem ich dem jungen Handwerker dieses Streben empfehle, weiß ich, daß ich ihm keine eitle Spekulation in eingebildeten Zeilen aufbringe. Daß ein solches Bewähren am besten geeignet ist, die mechanischen Künste zu heben und neue Erfindungen zu machen, ist klar ersichtlich bei Gelegenheit irgend einer Ausstellung von amerikanischen Industrie-Erzeugnissen, welche von Gesellschaften veranstaltet werden, die von Handwerkern zu diesem Zwecke gegründet wurden.

Der Handwerker muß seinem Handwerke treu bleiben.

Obiges umfaßt nicht Alles, was zur Nützlichkeit, Glückseligkeit und um Ansehen des Handwerkes erforderlich ist. Um ein wirklich tüchtiger Handwerker zu werden, ist es meiner Ansicht nach zweitens nothwendig, daß er seinem Handwerke treu bleibt. Die vergangene Geschichte des Landes hat, denke ich, zur Genüge nachgewiesen, daß sich eine schändliche Neigung zu der Unruhe jenes Ehrgeizes geltend machte, welcher alle Massen durchdrang und fast jeden einzelnen Mann zu der Ansicht brachte, daß eine andere Beschäftigung, welche es auch immer sei, ihn scheinbar eine Stufe höher stelle und auch größeren Gewinn bringe. Scheinbar sage ich; denn wie oft kann man sehen, daß Handwerker, welche langsam und sicher die Mittel zu Unabhängigkeit und Wohlhabenheit zu erreichen im Begriff waren, sich in die wildeste Spekulation hineinstürzten in der Hoffnung, eine in ihrer Einbildung existirende Höhe des Reichthums und des Einflusses zu gewinnen, aber, da sie die glänzende Seifenblase ergreifen wollten, zerplatzte sie und so standen sie da mit dem Schmerz und Verlust alles dessen, was sie in jahrelanger Arbeit erworben hatten.

Zufriedenheit ist gut für den Geist, den Körper und den Zustand eines Jeden. „Halte Deine Werkstatt und Deine Werkstatt wird Dich halten," ist ein altes Sprichwort, und anwendbar auf Jeden, welcher

An junge Arbeiter.

ein wirkliches Geschäft oder Handwerk erlernt hat und nutzbringend für Alle welche für ihre Existenz, ob mit der Hand oder mit dem Verstande arbeiten müssen.

An einigen Orten ist es unter den Handwerkern gebräuchlich, Gesellschaften oder Vereine zu bilden, deren Zweck es ist, alle Glieder eines Gewerkes in der Zunft, zu der sie gehören, zu behalten. Zu diesem Zweck helfen sie nicht nur den bedürftigen Zunftbrüdern, sondern sie thun auch alles mögliche, um in ihrer Genossenschaft jedes Talent und alle Reichthümer festzuhalten, welche in ihrer Mitte entspringen. Ihre öffentlichen Anstalten, Bibliotheken, Hörsäle, ihre wissentschaftlichen Sammlungen, Gemälde und Modelle geben die Mittel zur Befriedigung auch des feinsten Geschmackes an die Hand, und sie, sowie der gute Ton ihrer Gesellschaften machen es ganz und gar unnöthig, daß auch der Ehrgeizigste die Zunft verlassen sollte, um obige Vortheile sonstwo zu suchen. Jeder wird einsehen, daß es unter solchen Umständen ein edleres Streben ist, in seiner eigenen Zunft hoch in Ansehen zu stehen, als das, durch irgend eine Stellung außerhalb derselben zu Ansehen und Einfluß zu gelangen.

Ich möchte allen Handarbeitern diese Pflicht der Selbsterziehung anempfehlen, nicht um ihr Handwerk aufzugeben, sondern um ihnen das Mittel zur Hebung und Verschönerung desselben an die Hand zu geben. Wenn ich von dem Beibehalten einer gewissen Beschäftigung rede, will ich in keinem Falle so verstanden werden, daß ich eine Regel ohne Ausnahme aufstelle. Es können schwierige Fälle eintreten, in denen der Mensch gezwungen, ist, einen neuen und schwer zu erlernenden Berufszweig zu wählen. Wenn ein Land durch Tapferkeit und Weisheit erhalten werden soll, wird es zu einer unumgänglichen Nothwendigkeit, daß der Arbeiter seinen Antheil zu den großen Vertheidigungsheeren und den Rathgebern des Volkes stelle. Auf einige Zeit wenigstens muß das Leben in neue Bahnen gelenkt werden. Aber die größten und edelsten Menschen, welche in dieser oder jener Weise ihr Handwerk aufgaben, haben von jeher mit Stolz auf ihre ursprüngliche Beschäftigung geblickt.

Der Handwerker muß sein Handwerk ehren.

Ich habe bereits ausgeführt, daß der Handwerker, um nützlich, glücklich und achtungswerth zu sein, gründlicher Meister seines Handwerks werden und ihm treu bleiben sollte. Nächstdem möchte ich ihm die Pflicht und den Nutzen klar machen, welche darin liegen, daß er sein Handwerk ehrt. Es giebt zwei Wege zu diesem Ziele: erstens, indem er sich in demselben auszuzeichnen sucht; und zweitens, daß er seine Erholungs-Stunden geistigen Genüssen widmet und an seiner eigenen Fortbildung arbeitet.

Das Streben nach Auszeichnung theilen fast alle Menschen, und die merkwürdigsten und schärfsten Charakterverschiedenheiten entwickeln sich aus den verschiedenen Methoden, welche zur Erreichung des erstrebten Zieles angewendet werden. Der Eine sucht es durch glänzende Thaten im Dienste der Oeffentlichkeit, der Andere durch großartige Anlagen zu erreichen; aber auf die eine oder die andere Weise legen fast alle Menschen Zeugniß dafür ab. Was, frage ich, gewährt einem Manne ein weiteres und edleres Feld für seinen Ehrgeiz, als das Streben nach Auszeichnung auf dem Felde seines Handwerks oder seiner Zunft? Jedes Handwerk gewährt den weitesten Raum für die Ausübung der Geschicklichkeit bei der Verbesserung seiner Anwendungsart und der daraus folgenden Verbesserung seiner Erzeugnisse; und die freiheitlichen Einrichtungen und zahlreichen Hülfsquellen unseres Landes, sowie die Leichtigkeit, mit welcher der Arbeiter sein Brod finden kann, hat bereits die amerikanische Industrie und die amerikanischen Erfindungen zum Gegenstande der Bewunderung der ganzen Welt gemacht. Der kürzliche Vergleich zwischen der Tüchtigkeit der amerikanischen Gewerbsthätigkeit und der anderer Länder auf der Centennial-Ausstellung sollte bewirken, daß jeder amerikanische Handwerker stolz auf seine Nationalität und auf die Thatsache wird, daß er ein Handwerker ist.

Wiederum kann der Handwerker sein Gewerk ehren, indem er es durch geistige Erholung ziert. Es erscheint nicht wünschenswerth und ist thatsächlich nicht möglich, daß ein Mensch jeden Augenblick der ihm zur Verfügung stehenden Zeit dem Berufe widmet, in welchem er sein tägliches Brod verdient. Eine derartige tiefe Hingabe ist für Körper und Geist gleich schädlich. Sie zerstört die Gesundheit, legt das Hirn brach und vernichtet alle Gemüthsstimmungen. Die Ruhe im häuslichen Kreise, die stille Stunde der Lektüre oder Erholung anderer Art, sind zur Erhaltung jenes größten irdischen Glückes, eines gesunden Geistes in einem gesunden Körper, unumgänglich nothwendig. Die Beschäftigungsart des Handwerkers ist eine solche, welche es gerade für ihn angemessen erscheinen läßt, in seinen Erholungsstunden geistiger Genüsse zu pflegen; und es ist dem Umstande zuzuschreiben, daß die Wechselwirkung der geistigen und körperlichen Arbeit am Besten sich der Constitution der Menschen anpaßt, daß eine Anzahl der schönsten und glänzendsten Erzeugnisse des menschlichen Geistes gerade von solchen Personen ausgingen, welche gezwungen waren, täglich viele Stunden rein körperlichen Arbeiten obzuliegen. Werfen wir einen Blick auf das gesammte Feld der englischen Literatur, um zu sehen, wer es in der Kunst des Feuilletonschreibens zur größten Vollkommenheit gebracht hat. Natürlich wird die sofortige Antwort sein, Charles Lamb: er wird allgemein auf diesem Gebiete für unnachahmlich und unerreicht gehalten. Die größten Kritiker sagen, daß wenige Hoffnung vorhanden ist, solche Feuilletons jemals von anderer Hand geschrieben zu sehen. Dennoch erstanden diese herrlichen Schöpfungen an Mußeabenden. Die Abfassung derselben diente zur Erholung nach schwerer Arbeit im India House, wo Lamb mit Abschreiben von kaufmännischen Schriftstücken beschäftigt war, was für ihn eine rein mechanische Arbeit gewesen sein muß. Nichtsdestoweniger war Lamb vernünftig genug, seine Beschäftigung im India House beizubehalten, lange Zeit, nachdem er einer der berühmtesten Schriftsteller Englands geworden war, und thatsächlich bis sein Alter und sein langer Dienst ihn zur Pension berechtigten. Ich werde die Geduld des Lesers nicht durch Hinweise auf andere Beispiele erschöpfen, obgleich viele zur Verfügung stehen, um die Richtigkeit meiner Behauptung nachzuweisen, daß geistige Erholungen dem Handwerker zukommen und daß dieselben die passenden und berechtigten Zierden seines Handwerkes sind.

Coleridge, der berühmte englische Schriftsteller von Profession, sagt ganz offen, daß, um erfolgreich in Werken des Geistes zu sein, der Mensch irgend ein Handwerk haben sollte, welches bis zu einem gewissen Grade mechanisch ist, und warnt alle jungen Leute, seinen Beschäftigungszweig zu ergreifen, wenn sie nützliche und glückliche Mitglieder der menschlichen Gesellschaft werden wollen.

Selbst Charles Lamb theilt diese Ansicht Coleridge's und warnt einen seiner Freunde in ähnlicher Weise.

So viel über die Ansicht berühmter Schriftsteller hinsichtlich ihrer eigenen Beschäftigung.

In allen diesen Beobachtungen findet man, daß die schöpferische Kraft des Geistes nicht zum alleinigen Zwecke des Erwerbes angewandt werden sollte. Zum Zwecke des Lebensunterhaltes ist es demnach besser, in irgend einem Handwerk oder einer mechanischen Beschäftigung thätig zu sein und dem Geiste in den Stunden der Erholung freies Spiel zu gewähren. Daß ein solches Verfahren im höchsten Grade rathsam ist, geht aus den Erfahrungen hervor, welche in Jahrhunderten gemacht wurden. Bacon, der König der Philosophen, war den größten Zeitraum seines Lebens hindurch als Advokat thätig; Shakspeare, der bewunderungswertheste aller Schriftsteller, war ein Schauspieler und Theaterunternehmer und mußte an den mechanischen Erfordernissen dieser Stellung schwer arbeiten. Walter Scott war Abschreiber und Sheriff seines Countys; und es ist sonderbar, daß der fruchtbarste und beste Schriftsteller unseres Jahrhunderts seine Tage auf körperliche Arbeit verwandte, indem er im Lande umherreiste und seinen Geschäften oblag. Es ist bewunderungswürdig, wie er die Zeit fand, seine umfangreichen Werke zu schreiben.

Kommen wir auf unser eigenes Land zurück, so sind solche Beispiele noch viel zahlreicher. Prescott war ein Rechtsanwalt; Bancroft war Lehrer und später Hafeneinnehmer von Boston; Hallet war Astor's Collektor; Dana war ein Advokat; Longfellow war ein Lehrer. Thatsächlich ist die Schriftstellerei bei uns selten ein Erwerbszweig. Der größte Theil unserer Literatur ist in Mußestunden geschrieben worden, die dem Geschäft abgerungen wurden.

Unsere kunstreichen und nützlichen Erfindungen sind im Allgemeinen das Resultat der von mir hier dem Handwerker empfohlenen Lebens- und Anschauungsweise, nämlich, sein Handwerk dadurch zu ehren, daß er es durch geistige Erholungen schmückt. Fulton war ein Portrait-Maler, welcher sich in seinen Mußestunden mit Versuchen über Dampfkraft beschäftigte; Whitney, der Erfinder des Baumwollenkammes, war ein Maschinenbauer; die Geschichte Franklin's ist Jedermann bekannt.

Alle diese Beispiele stellen die Richtigkeit des **einen** Satzes dar — daß das Geschäft eines Handwerkers, ein Leben voll Thätigkeit und Anstrengung, nicht im Entferntesten den kühnsten Errungenschaften des Geistes ungünstig ist; und daß Erholung von anstrengender Arbeit am besten in geistiger Beschäftigung zu suchen ist.

An junge Arbeiter.

Der Handwerker muß seine Mußestunden dem allgemeinen Interesse seines Handwerks widmen.

Noch auf eine Pflicht möchte ich den Handwerker aufmerksam machen, und diese ist, daß er, nachdem er Reichthum in einer Periode des Lebens gewonnen hat, in der ein Zurückziehen vom Geschäft rathsam erscheint, sich den allgemeinen Interessen seines Handwerks widmen sollte. Es giebt viele Wege, auf welchen er dieses erreichen kann; er kann dem gesellschaftlichen Theil desselben den nöthigen Ton verleihen, indem er seine Gastfreundschaft in anständiger und vernünftiger Weise ausübt; er kann junge Leute, die sein Handwerk ergreifen, mit Rath und That unterstützen; er kann viele Genossen vom Untergange retten, indem er in freundschaftlicher Weise Einsprache erhebt und ihnen seine Hand in dem entscheidenden Momente reicht, wenn Hülfe am Nöthigsten ist. Solch' ein Mann war Franklin, und sein immer zum Helfen bereiter Wille hörte mit seinem Tode noch nicht auf. In seinem Testamente setzte er einen permanenten Fond für junge Handwerker aus seinem Heimathsorte aus, welche Geld daraus vorgestreckt erhielten. Das Beispiel, welches er mit seinem Leben gab, hat indessen mehr Werth, als Legate von Millionen. So lange wir Leute von Franklin's Art unter uns haben, werden wir nie Mangel an Helden und Staatsmännern zur Vollbringung großer und glänzender Handlungen und Thaten, oder von Dichtern, Geschichtsschreibern und Rednern, um diese zu feiern, haben.

Eine falsche Richtung des menschlichen Fleißes — Vorurtheil gegen die Handwerker.

Unter den weiteren Ursachen, welche die gegenwärtig in unserem Lande herrschenden drückenden Zustände herbeigeführt haben, ist eine höchst wichtige, welche indessen in bedeutendem Maße übersehen worden ist. Es ist die falsche Richtung des menschlichen Fleißes — der erzeugenden Kraft. Alle Beobachter wissen und sehen, daß Kapital weggeworfen worden ist; Wenige werden sich darüber klar, daß Hände und Köpfe an Unternehmungen beschäftigt wurden, von denen man jetzt weiß, daß sie gänzlich nutzlos sind. So sind Eisenbahnen gebaut worden, welche unter keinen Umständen jemals bis zu einer solchen Ausdehnung von der Oeffentlich=

keit in Anspruch genommen werden können, um nur die Kosten für Reparatur und den Betrieb zu decken. Bergwerke sind angelegt und bearbeitet worden in Gegenden, wo es gar kein Metall gab, obgleich die Einbildung der Aktionäre, angefeuert durch schöne Vorspiegelungen irgend eines schlauen Gauners, aus jede dieser Gegenden ein Eldorado machte. Die erzeugende Kraft unseres Landes hätte ebenso gut in der Herstellung von Pyramiden, gleich denen des alten Egyptens, verwandt werden können, wie zu Arbeiten dieser Art. Daran sind buchstäblich Arbeit, Zeit und Talent verschwendet worden.

Aber nicht nur auf diesem Wege sind Arbeit, Zeit und Talent falsch angewandt worden. Tausende unserer jungen Leute haben sich dem Gelehrtenstande zugewandt, obwohl hier Alles längst überfüllt war, und vergeuden ihre Lebenskraft in vergeblichen Hoffnungen; und wieder Tausende haben sich der Handelswelt zugewandt, ohne Kapital, Klugheit und Intelligenz genug zu besitzen, um die Gefahren in kaufmännischen Unternehmungen zu vermeiden, und diese Leute sind jetzt entweder bankerott oder befinden sich in allerlei Bedrängnissen, welche ihr ganzes Leben hindurch fortdauern können. Ein Irrthum bei der Wahl des Berufs ist stets mit peinlichen Folgen verbunden, wie Viele zu ihrem Schaden entdeckt haben. Man wird in unserem Lande zu leicht zu ehrgeizig und ruhelos. Unsere freiheitlichen Einrichtungen, anstatt nur die gesunde Lehre von der natürlichen Gleichheit aller Menschen einzuprägen und nur klar zu machen, daß jedes Handwerk und jeder Beruf durch das persönliche Verdienst seines Ausübers gehoben werden kann, verführt die Leute, nach Berufsarten zu streben, welche sie für fein halten, und läßt sie nach hohen Ehrenstellen jagen, welche durch die Verfassung den Bürgern aller Klassen erreichbar sind.

Dies ist nicht recht. Der Amerikaner sollte sich selbst achten. Er sollte in Betracht ziehen, daß die Thatsache, daß er ein Amerikaner ist, genügt, um jedem Handwerk jedem Berufe, dem er folgt, die nöthige Würde zu verleihen. Nachdem er sich über diesen Punkt klar ist, kann er sich ohne Scheu umschauen, um vorurtheilsfrei unter den verschiedenen Arten des Landes die ihm passende zu wählen, und zwar nach denselben Grundsätzen, welche ihn bei der Entscheidung über irgend eine praktische Frage leiten.

Das Vorurtheil gegen die Handwerke ist ein Ueberbleibsel aus der

Zeit der Feudalherrschaft und unseres freien Landes im höchsten Grade unwürdig. Nach diesen alten Feudal=Vorurtheilen sind alle Berufsar=
ten, mittelst deren wir unsere Existenz und unser Brod hierzulande ver=
dienen, gleich gemein und niedrig. Im Lichte republikanischer Weltweis=
heit betrachtet, sind sie alle gleich ehrenhaft. Der Baron des Mittelal=
ters, welcher weder lesen noch schreiben konnte, sah auf den Kaufmann, den Handwerker und den Advokaten mit derselben Verachtung herab; und der Baron von heutzutage, der noch nicht einmal eine Lanze schwin=
gen kann, sieht sich als überlegen dem Juristen, Weisesten und Besten gegenüber an, so lange sie gewöhnlicher Herkunft sind. Diese alten Vor=
urtheile der Feudalherrschaft sind lächerlich. Aber wenn wir den einen Beruf für **anständig** und einen anderen für **unanständig** erklä=
ren, machen wir uns nicht gerade dieser Vorurtheile schuldig? Wenn wir dann sprechen, daß wir uns dadurch verächtlich machen, daß wir unsere Söhne ein Handwerk lehren, erkennen wir damit nicht die dummen und abgeschafften Vorurtheile vergangener düsterer Jahrhunderte an? Wenn wir zugeben, daß ein Bürger an **Rang verliert**, weil er mit andern ehrlichen und ehrenhaften Männern verkehrt — stehen wir nicht unter einer mehr als gothischen, einer hindostanischen und chinesischen Bar=
barei?

Geistige Ausbildung der Handwerker und deren Wichtigkeit.

Ich werde nun versuchen einige Bemerkungen über die geistige Aus=
bildung der Handwerker und deren Wichtigkeit, Bedingungen und Ziele zu machen.

Daß geistige Entwicklung als ein Mittel zum moralischen und ge=
sellschaftlichen Fortschritt für den Handwerker so wichtig wie für irgend einen anderen Staatsbürger ist, ist eine Wahrheit, die kaum einer Be=
weisführung oder einer Versinnbildlichung bedarf. Aber dies ist noch nicht Alles. Der Handwerker hat gewichtigere Gründe zum Studiren, als die meisten anderen Leute. Seine eigene Existenz mag in gewissem Maße von dem Grade seiner Erfahrung in seiner Kunst abhängen, welche nicht erlangt werden kann, ohne eine Kenntniß der wissenschaftlichen Grundsätze und natürlichen Bedingungen, auf welche seine Kunst gegrün=
det ist.

Das ganze System der Handwerker = Institute, Lyceen, Vorträge und Sammlungen von Modellen und Maschinen ist nichts mehr und nichts weniger als eine offene Anerkennung seitens der Handwerker, daß geistige Ausbildung unbedingt nothwendig geworden ist, um sie zu befähigen, mit dem Geiste der Zeit Schritt zu halten — eine Anerkennung daß die Zeit gekommen, wo Wissenschaft und Kunst fest aneinander gekettet sein und Kopf und Hand brüderlich zusammen wirken sollten.

Die Concurrenz zwingt den Handwerker unsrer Tage zum Studium. Wenn er nicht mit dem geistigen Fortschritt unserer Zeit gleichen Schritt hält, wird er schnell entdecken, daß er sich im schädlichsten Nachtheile befindet. Während derjenige Arbeiter, welcher mit dem Grade seiner Intelligenz zufrieden ist und die Gelegenheit zum Lernen im Institut, im Lesezimmer und durch fortwährenden gesellschaftlichen Verkehr mit den Gebildeten seines Handwerkes vernachlässigt, kann sein Nachbar, welcher sich diese Vortheile zu Nutze macht, sich in den Besitz neuer Methoden, neuer Materialien oder neuer Thatsachen setzen, welche ihn befähigen, seine Preise zu ermäßigen und bis zu einem bedeutenden Grade die Kundschaft an sich zu reißen.

Und so war es stets. Das Monopol und die Verachtung übten sicher einen so schädlichen Einfluß auf das Handwerk aus, wie jetzt die Concurrenz einen wohlthätigen.

Vor Erfindung der Buchdruckerkunst gab es der Mittel zur Erlangung und Verbreitung von Kenntnissen nur wenige und unzureichende. Die große Masse des Volkes war unwissend und leichtgläubig, während die Weltweisen, gefangen von den Ausführungen, aristotelischer Einbildungskraft, nicht eine Kenntniß von den Eigenschaften der Metalle, sondern eine Substanz zu entdecken suchten, durch welche sie die gemeinen Metalle in Gold verwandeln konnten.

Dieser Zweck und andere ähnliche beschäftigte die Weltweisen und Chemiker des Mittelalters, während die Handwerker angewiesen waren, die praktischen Künste in rein praktischen Wiederholungen von einer Generation zur anderen zu üben.

Aus Mangel an Mittheilung zwischen den Handwerkern blieben die bei Ausübung der Kunst erworbenen Vortheile in dem einen Platze den Genossen in anderen Plätzen unbekannt, und es war möglich, daß Methoden, welche in einem Zeitraum angewandt wurden, im nächsten vergessen waren. Allerlei

An junge Handwerker.

Geheimnisse, die unter solchen Umständen leicht solche bleiben konnten und von den Wissenden als eine Art von Monopol betrachtet wurden, waren so gewöhnlich, daß selbst jetzt gelegentlich Geheimnißthuerei gleichbedeutend mit Handwerk angewendet wird. Dies trug bedeutend zum gänzlichen Verlust mancher bis zur Vollendung gebrachten Kunst bei, wie zum Beispiel die Glasmalerei im Mittelalter. Complicirte Maschinen kommen gar nicht in Betracht, weil deren Anwendung und Verbesserung die vereinigten Resultate wissenschaftlicher Kenntnisse und praktischer Erfahrung sind.

Gegenwärtig ist der Zustand dieser Dinge gewiß ein ganz anderer. Eine große Anzahl volksthümlicher Schriften und Handbücher hat die großen Grundsätze der Naturwissenschaften allgemein zugänglich gemacht. Es liegt gewiß im Bereich eines Jeden, sich durch Fleiß und vernünftige Anwendung seiner freien Zeit eine ziemliche Kenntniß der praktischen Naturgeschichte zu verschaffen.

Bis vor kurzer Zeit indessen geschah nur wenig, um den Handwerker bei der Erlangung derjenigen Kenntnisse, welche als äußerst wesentlich für ihn betrachtet werden müssen, zu unterstützen. Kaum irgend etwas, was mit der Bezeichnung einer Erziehung zum praktischen Leben belegt werden könnte, ist gethan worden; und die große Zahl Derjenigen, welche in der Betreibung der nützlichen Kunst sich durch Anwendung wissenschaftlicher Grundsätze zur Auffindung neuer Prozesse auszeichneten, oder die alten verbesserten, sind Männer gewesen, welche ihre Erziehung sich selbst verdankten.

Man hat im Gegensatz zu den hier aufgestellten Behauptungen die Regel gelten lassen wollen, daß die größten Entdeckungen und Erfindungen von selbstgemachten Männern oder in Folge zufälliger Umstände gemacht wurden, und daß Erziehung in Folge dessen für den Handwerker überflüssig sei. Die Thatsache läßt sich nicht bestreiten, aber die darauf gegründete Beweisführung gegen die intellektuelle Erziehung der Handwerker ist nicht stichhaltig. Eine andere Thatsache wird dies zur Genüge beweisen. Zu der Zeit, da die Handwerker im Allgemeinen wenig Gelegenheit zur Ausbildung hatten, waren nützliche Erfindungen und Entdeckungen viel seltner als jetzt. Als die große Menge der Handwerker weder lesen noch schreiben konnte, schritten die Erfindungen äußerst langsam fort; jetzt geht dies erstaunlich schnell. Im Mittelalter kommt etwa auf ein ganzes Jahrhundert eine große Entdeckung; jetzt bringt jedes Jahr deren wenigstens eine.

Die Verbreitung der Erziehung unter den Handwerkern muß nothwendiger Weise die Erfindungen und Verbesserungen auf dem Gebiete derjenigen Künste heben, durch welche die Arbeit der Menschen verkürzt wird. Diese Erhöhung der Kunst kommt einer Erhöhung der Glückseligkeit gleich. Der Handwerker steigt dadurch gesellschaftlich; und dem Wohlbefinden der Gesellschaft (der wesentlichen Glückseligkeit) kann es nur Vorschub leisten. Durch die seit kurzer Zeit eingeführten Verbesserungen in den Künsten, veranlaßt durch verständige und gebildete Handwerker, ist die Summe schwerer körperlicher Arbeit, welche früher dieser Klasse von Leuten zufiel, um ein Bedeutendes verringert worden, und dies ist kein kleiner Gewinn.

„Wir lesen in vielen Werken" sagt ein erfahrener Schriftsteller, „von einem Leben der Arbeit und dem größten Glücke von Bauern und schwer arbeitenden Leuten, deren mäßige und enthaltsame Lebensweise ihnen nicht nur eine ununterbrochene Gesundheit sichert, sondern ihnen auch das Roth der Wangen und eine körperliche Stärke verleiht, welche angeblich die Söhne des Reichthum und Ueberflusses nicht genießen." Dies klingt ganz gut, aber ich muß eingestehen, daß ich die Thatsache bezweifle.

„Wenn ich die arbeitende Klasse, welche schlecht lebt, mit Denjenigen vergleiche, welche „von den guten Dingen auf Erden essen und trinken," kann ich meiner Meinung nach in der letztgenannten Klasse eine gesundere Gesichtsfarbe, bessere Sinne und stärkeren Körperbau entdecken, als in der ersteren. Unaufhörliche Arbeit und ungenügende und magere Ernährung haben gewiß die Folge, den menschlichen Körper zu schwächen und ihn vor der Zeit zu altern, und dies ist unserer Beobachtung nach der Fall. Was wird unter diesen Umständen aus den feingesponnenen Theorien phantastischer Schriftsteller, welche ein Leben der Arbeit so hoch erheben? Sie werden wie andere Spinngewebe vernichtet, welche keine starke Berührung vertragen."

Die Erziehung vervielfältigt die Erfindungen, welche die nützliche Arbeit erleichtern. Die Erziehung ist daher für den Handwerker ein großer Segen. Und es sollte ein stehender Grundsatz für diese zahlreiche und einflußreiche Klasse von Bürgern sein, auf alle mögliche Weise die geistige Ausbildung aller ihrer Anhänger zu befördern.

Die Form der Belehrung, welche für den Handwerker am Besten paßt, ist diejenige, welche für seine Verhältnisse geeignet erscheint. Dieselbe sollte ausgebreitet und nicht zu eingehend sein. Um die praktische Anwendung jeder Wissenschaft zu jedem Handwerk zu lernen, hat der Einzelne nicht Vermögen genug, aber der Handwerker wie der fachwissenschaftlich Gebildete können die allgemeinen Grundsätze der Wissenschaft bemeistern und später bis zu einem passenden Grade denjenigen Theil anwenden, welcher überhaupt auf ihre besondere Beschäftigung anwendbar sind. Ihre allgemeine Kenntniß der Naturgesetze werden das Feld ihrer Nützlichkeit erweitern und die Aussichten auf Erfolg in einem bestimmten Zweige erhöhen.

Viele stichhaltige Gründe sind dafür vorhanden, daß der amerikanische Handwerker, mehr als der irgend einer anderen Nation wissentschaftliche Bildung begünstigen sollte. Ein Hauptgrund ist seine hohe Stellung in der Gesellschaft, welche seine Genossen in anderen Ländern nicht genießen.

Ein weiterer Grund liegt in dem weitaus größeren Feld, welches ihm hier eröffnet wird durch die Ausdehnung der Hülfsquellen seines Landes und dem Unternehmungsgeist seiner Mitbürger. Der europäische Handwerker wird auf allen Seiten durch allerlei Hemmungen und durch zahlreiche Mitbewerber eingeschränkt. In allen Handwerken herrscht Ueberfüllung. Hier haben wir nicht genug Leute, um die erforderliche Arbeit zu thun. Die Nachfrage nach den Erzeugnissen des Handwerkers konnte niemals ganz befriedigt werden und wird es auf lange Zeit auch nicht können. Die großartigen Landstrecken, das Ueberwiegen unserer ackerwirthschaftlichen Thätigkeit und die sich mehrenden Ansprüche des Welthandels eröffnen uns ein unermeßliches Feld für die Thätigkeit des Handwerkers. Wir können aus dem Geschehenen auf das Kommende schließen. Die Dienste, welche die Erfindungsgabe Amerika's dem Lande bereits geleistet haben, sind eine Quelle des Stolzes und der Hoffnung für uns.

Die Mittel der geistigen Ausbildung, welche dem Handwerker zugänglich sind.

Unter der Annahme, daß die Gründe, nach welchen der amerikanische Handwerker eine gute Erziehung haben muß, zur Genüge dargelegt sind, wollen wir zunächst auf die Mittel kommen, welche ihm zu diesem Zwecke zur Verfügung stehen.

Die wichtigsten und ersten Mittel sind natürlich die Schulen, und unter diesen sind es die öffentlichen Schulen, zu deren Verbesserung die Handwerker als Stand besonders beitragen können. Wo immer öffentliche Schulen sind, fällt dem Handwerker im Verein mit allen andern Bürgern die Aufgabe zu, für Vervollkommnung derselben zu sorgen. Das System der öffentlichen Schulen giebt dem zukünftigen Handwerker gerade die nöthige Ausbildung, deren er später bedarf, und vielfach wird das daselbst Erlernte direkt auf sein Handwerk anwendbar sein. Es liegt im Interesse eines Jeden, solche Anstalten aufrecht zu erhalten.

Dennoch ist die beste Belehrung die Selbstbelehrung, und das beste Mittel für den jungen Handwerker sind Bücher und Apparate, welche ihm zur Verfügung stehen, unter seinem eigenen Dache, in seinem eigenen Zimmer. Das große Geheimniß der Selbstbelehrung liegt darin, jeden Tag einen Theil der Zeit zum Studium zu benutzen. Betrachten wir die Biographien einer langen Reihe von Autodidakten, welche Wissenschaften und Künste durch eigene Anstrengungen beherrschten, so werden wir in den meisten Fällen finden, daß die glänzenden Entdeckungen, welche die Welt in Erstaunen setzten, das Ergebniß des Selbststudiums und der selbstgemachten Versuche waren. Wir werden hierin finden, daß die der gewöhnlichen Beschäftigung entzogenen Stunden, welche der wissenschaftlichen Forschung gewidmet wurden, für den Erfinder die Stunden der angenehmsten Erholung bildeten, die Freude des Tages, die höchste Belohnung der vielen Arbeiten und Sorgen.

Es würde zu weit führen, hier eine genaue Uebersicht der verschiedenen Mittel zur Selbstausbildung zu geben, welche dem Lernenden in seinem eigenen Zimmer zur Verfügung stehen können. Auf diesen Gegenstand kann man vielleicht in einem zukünftigen Werke näher sich einlassen.

Der vom Handwerker erreichbare Lohn geistiger Bildung.

Ich werde nun Einiges über den Lohn geistiger Bildung sagen. Weitgehende gute Kenntnisse sind in gewissem Sinne an sich eine hohe Errungenschaft. Die Entwickelung geistiger Kraft ist von einem Gefühl wirklicher Freude begleitet, das Ergebniß des Bewußtseins verstärkter Macht und die Befriedigung der Strebung nach Erkenntniß des Naturgesetzes. Dies ist der höchste und süßeste Lohn geistiger Arbeit. Es ist Dasjenige, was vom Fleißigsten erstrebt und am höchsten geschätzt wird.

Doch ist noch eine andere Art von Lohn vorhanden, nebensächlich und untergeordnet allerdings, welche jedoch auch der Betrachtung werth ist.

Weitgehende Kenntnisse und Begabung tragen in sich den Vortheil einer hohen und einflußreichen Stellung in der Gesellschaft. Jedermann weiß, daß die Gesellschaft von ihren Mitgliedern eine Art Eintrittszoll zu ihren bezaubernden Kreisen verlangt. Der Eine bringt die Mode, ein Anderer Reichthum und Familienehren, ein Dritter sein musikalisches oder Gesprächs-Talent mit, und der Mann der Wissenschaft nimmt unter den Uebrigen eine unabhängige und geachtete Stellung ein. Er wird für das zugelassen, was er ist, nicht für das, was er hat oder was seine Vorfahren hatten.

Wiederum macht Wissen den Wissenden in gewissem Grade unabhängig in der Gesellschaft Anderer. Wer zu lesen liebt und viel zu lesen hat, wird nie um Beschäftigung seiner selbst verlegen sein. Selbst wenn ihm keine Bücher zur Verfügung stehen, hat er seine Gedanken zu Begleitern.

Das ist der Lohn geistiger Ausbildung, wie er denjenigen, welche ein Handwerk haben, erreichbar ist. Das Beispiel Franklin's, Watt's, Arkwright's und einer großen Zahl berühmter Männer zeigt, was Handwerker gethan haben. Es verbleibt der heranwachsenden Generation unsers Landes zu zeigen, was Handwerker thun können.

Die Studien des Handwerkers.

Bücher sind, im Allgemeinen geurtheilt, zu umfangreich. Die Autoren befassen sich zu sehr mit Einzelnheiten. Es ist eine alte Erfahrung, daß Schriftsteller, die sich entschlossen haben, Alles niederzuschreiben, was über einen Gegenstand gesagt werden kann, bis in die Ewigkeit hinein schreiben vermögen. Daher kommt es, daß Leute von Bildung und V stand nur eine Seite eines modernen Werkes anzusehen brauchen, um j veranlaßt zu sehen, dasselbe für immer beiseite zu legen.

Alle Bücher über alle Gegenstände zu lesen, würde einen ununterbr chenen Fleiß während des längsten Lebens, selbst eines vorsündfluthliche erfordern. Es nimmt bereits jede Stunde, die man der Arbeit widm kann, in Anspruch, nur die berühmtesten Werke einiger Sprachen wä rend der Dauer des Lebens zu lesen. Um Zeit zu sparen und das l theil der Unerfahrenen zu leiten, wird es eine nützliche Aufgabe sei einige allgemeine Winke betreffend die Auswahl geeigneter Lektüre ertheilen. Ein Grundsatz muß namentlich festgehalten werden, näml der: nur die Originalwerke, die über die verschiedenen Zweige der W senschaft und Literatur verfaßt sind, zu studiren. Dieser Grundsatz namentlich beim Beginn des Studiums zu befolgen. Es muß eine g solide Grundlage gelegt werden, beim Oberbau sind leichte und überfli sige Anhängsel zu gestatten. Wenn wir uns mit der Hinterlassensche Derer bekannt gemacht haben, die vor uns gelebt haben, so werden n naturgemäß den Drang in uns spüren, auch die Erzeugnisse des mode nen Geistes kennen zu lernen. Das Studium indessen mit diesen begi nen, hieße ein Haus auf Sand bauen, wie es der Narr, von dem d Evangelium erzählt, thut.

Das Verdienst eines Buches besteht, erstens, in der Anführung neu Thatsachen; zweitens, darin, aus festgestellten Thatsachen neue Schlü zu ziehen; drittens, in einer besseren Anwendung; viertens, in ein vervollständigten Aneinanderreihung von Thatsachen; fünftens, im U terrichten. Ein Buch, das die erwähnten Eigenschaften nicht besitzt, als unbrauchbar zu verwerfen.

Unter anderen Dingen scheint auch die Kunst des Anpreisens in di sem Zeitalter eine Vollendung erreicht zu haben, daß man einen Fehl begeht, wenn man Bücher nach ihren Titeln und auf das Lob von B cherhändlern hin auswählt. Wer eine gute Auswahl treffen und be Beste haben will, muß mehr als das Titelblatt lesen.

Poesie, ob in einer alten oder neueren Sprache abgefaßt, kann i Stunden der Muße mit einigem Vortheil gelesen werden. Sie enthä viele praktische Lehren über Oekonomie und Religion. Viele trefflic

An junge Handwerker. 125

geniale Gedanken und Schilderungen findet man unter den Schrif=
er Dichter, die man seinem Gedächtniß einprägen sollte. Die Verse
htern das Behalten der Gedanken bedeutend.

bgesehen von allem Interesse und der Vorbereitung für das Erler=
irgend einer Kunst oder Wissenschaft, sagt Dr. Knor, ist der Ge=
ck für unterhaltende Bücher zu pflegen, und wäre es nur zu dem
ke, einen geistreichen Menschen in den Stand zu setzen, seine Tage
uldig, ruhig und angenehm zu verleben.

Sobald wir uns durch Lesen die Kenntniß eines Buches oder irgend
besonderen Gegenstandes angeeignet haben, werden wir von selbst
Drang in uns fühlen, mit unseres Gleichen oder mit gelehrten und
renen Männern unsere Meinungen darüber auszutauschen. In sol=
Unterhaltung sprechen wir eine Ansicht aus und unsere Eigenliebe
gt uns, die Ansicht zu behaupten. Wir suchen dann im Buche Hülfe
lesen dasselbe mit um so größerer Begierde. Auf diese Weise bildet
llmählich der Hang zum Lesen von Büchern und Zeitschriften aus.
Anfangs eine Arbeit oder Nothwendigkeit war, wird zur Lust und
Vergnügen.

ein Studium ist so trocken, daß es nicht, wenn man sich in dasselbe
eft, schließlich anlockend würde. Selbst die schwierigsten metaphysi=
und mathematischen Probleme interessiren den lernbegierigen Schü=
sobald er sie erfaßt hat. Daher können die Theile des menschlichen
ens, die ihrer Natur nach unterhaltender sind, nicht verfehlen, dieje=
1, welche sich ernst und eifrig mit dem Studium abgeben, dauernd
ziehen.

m sich die Gewohnheit, seine Aufmerksamkeit dem Lernen zuzuwen=
anzueignen, ist ein starker Wille nöthig. Fängt man an, eine neue
ache oder bisher unbekannte Wissenschaft zu erlernen, so empfindet
, da einem ganz neue Ideen und Dinge vorgeführt werden, zuerst
eigung gegen das Studium. Aber wenn der Schüler ausharrt, wird
lbneigung in sehr kurzer Zeit verschwinden und an ihre Stelle die
be am Studium treten. Bis dieser Zeitpunkt da ist, sollte der Schü=
ich's vornehmen, immer ein gewisses Quantum oder während einer
esetzten Zeit zu lesen, und er wird bald ermitteln, daß Das, was er
erst als eine Aufgabe gesetzt, sein größtes Vergnügen geworden ist.

Die Lektüre angenehm zu machen, trägt nichts mehr bei, als eine ge=

wisse Abwechslung zu beobachten. Obwohl es richtig sein mag, daß zur Zeit nicht mehr als ein oder zwei Autoren gelesen werden sollten, erscheint es doch nach Beendigung der Lektüre rathsam, einen Schriftsteller vorzunehmen, der in einem anderen Style schreibt und einen anderen Gegenstand behandelt. Man soll das Studium der alten Autoren mit dem Studium der neuen mischen, bald lesen, bald die Feder brauchen und bald in angemessener guter Gesellschaft sich unterhalten und zerstreuen. Nach einer kleinen Pause ergreift man selbst wieder das Studium mit einer ächten Begier und literarischem Appetit. Die Pausen sollten indeß nie zu lange währen oder sich zu häufig ereignen, damit die Gewohnheit des Müssigganges oder die Zerstreuungssucht nicht ausgebildet werden.

Jeder sollte versuchen, sich eine eigene Meinung über einen Autor zu bilden, obwohl Bescheidenheit ihn davon abhalten mag, dieselbe auszusprechen. Viele möchten dadurch in den Ruf kommen, Leute von gutem Geschmack zu sein, da sie nur Schriftsteller von unbestrittenem Ruhm preisen. Ich habe es satt, immer von der Erhabenheit Milton's, der Eleganz und übereinstimmenden Denkweise Pope's und von dem unsterblichen Genie Shakspeare's zu hören. Diese Bemerkungen werden nur von Denen gemacht, die von Natur nichts verstehen und gar nicht im Stande sind, in den Geist jener Autoren einzudringen.

Mäßigkeit im Essen und Trinken wird mehr zur Entwicklung des Geistes beitragen, als irgend welche Kunst.

Genieße die leichtesten Speisen und so wenig wie möglich, aber genug, um Dich dabei wohl zu fühlen, lautet der Rath des Dr. Cheney, und ich möchte diesen allen Studirenden zur Beherzigung empfehlen.

Die Versäumniß, sich früh im Schreiben zu üben, ist der Grund, weshalb unsere Gel.hrten [die sich mit den schlechten Handschriften brüsten] fast immer Jemanden bedürfen, der ihre Schriftzüge zu entziffern vermag. Da die Schreibekunst nur durch Uebung erlernt werden kann, so ist es überflüssig, Regeln für dieselbe vorzuschreiben. Indessen wage ich, zu behaupten, daß eine einfache, deutliche Hand, ähnlich dem runden lateinischen Druck, den Arabesken und Schnörkeln unserer Schreiblehrmeister vorzuziehen ist. Meine Meinung stützt sich einfach darauf, daß eine solche Hand am lesbarsten ist.

Beim Sprachstudium möchte ich empfehlen, daß sich der Studirende zuerst eine gründliche Kenntniß seiner eigenen Muttersprache aneignet.

Dieser wird er am besten durch das Lesen guter Bücher und das gründliche Erlernen der Regeln der Grammatik und Rhetorik inne. Welche andere Sprachkenntnisse man sich auch sonst erwerben mag, man kann sie nie recht verwerthen, wenn man seine eigene Muttersprache nicht ordentlich versteht. Mögen die Gedanken eines Autoren noch so trefflich und fruchtbringend sein, seine Abhandlungen werden, wenn die Sprache darin nicht rein und gebräuchlich ist, bei der öffentlichen Beurtheilung unter dem letzteren Mangel stets zu leiden haben.

In jüngster Zeit ist viel über das Studium der lateinischen Sprache geschrieben worden. Ich kann sagen, daß viele englischen Worte aus dem Lateinischen stammen und wir durch das Studium des Letzteren die Ableitung solcher Worte kennen lernen. Ferner, da der lateinische Satzbau keineswegs ein philosophischer oder natürlicher zu nennen ist, so muß sich der Geist beständig anstrengen, das Chaos aufzulösen. Unaufhörlich hat man die Aufmerksamkeit den Endungen zuzuwenden, und dadurch gewinnt der Geist an Stärke und Klarheit. Die Schulung des Geistes ist von unschätzbarem Werth; nicht nur zu Zwecken des Studiums, sondern auch im praktischen Leben.

Was über das Lateinische gesagt ist, gilt im Allgemeinen auch in Bezug auf das Griechische, obwohl dieses der englischen Sprache weniger als Grundlage dient. Nichtsdestoweniger steht der Nutzen der Erlernung des Griechischen behufs Schulung des Geistes außer Frage.

Mathematik.

Das Rechnen hat jetzt einen Grad der Vollkommenheit erreicht, von dem man sich in früherer Zeit kaum eine Vorstellung machen konnte. Es gehört zu den Wissenschaften, die wenig mehr vervollkommnet werden können. Es wird indessen so viel Klage darüber geführt, daß die Kinder, nachdem sie mehrere Jahre lang im Rechnen unterrichtet wurden, gewöhnlich außer Stande sind, die erlernten Sätze und Regeln im praktischen Leben anzuwenden. Mehrere Sätze werden rasch vergessen, weil man es beim Lehren derselben in der Regel vergißt, die Gründe anzugeben und zu erläutern, auf welche sie sich stützen. So viel sollte von der Zahlen-Wissenschaft indessen immer gründlich erlernt werden, als zum Geschäftsverkehr nothwendig ist: Addiren, Subtrahiren, Multipliciren und Dividiren, denen die Lehre von den Proportionen, den Decimalbrüchen und der Zeichenrechnung hinzuzufügen ist.

Die mathematischen Wissenschaften sind die einzigen wirklichen exakten Wissenschaften. Jeder Handwerker und Arbeiter sollte mit der Geometrie, der Algebra, den Kegelschnitten u. s. w. bekannt gemacht werden. Da man diesen Wissenschaften gegenwärtig wenig Aufmerksamkeit widmet, so mag es Vielen erscheinen, daß das Studium derselben mit großen Schwierigkeiten verknüpft ist und wenig Vortheil bringt. Das ist indessen Vorurtheil und weicht von der Wahrheit gänzlich ab. Dem Studium der Mathematik fehlt, um dasselbe unterhaltend und angenehm zu machen, gegenwärtig grade das, daß man die Lehren desselben nicht unmittelbar praktisch verwendet und ihre Nützlichkeit dadurch einleuchtend und klar darlegt.

Aufsätze.

Wenn wir uns in geeigneter Weise mit dem Abfassen von Aufsätzen befassen, so schulen wir die Vernunft. Die ächte Rhetorik und die gesunde Logik sind Verbündete. Das Bemühen, unsere Gedanken klar auszudrücken, bringt uns dahin, logisch zu denken und zu sprechen. Kleiden wir unsere Gedanken in Worte, so fassen wir dieselben viel schöner. Jedermann, der nur etwas vom Abfassen eines Aufsatzes versteht, weiß, daß wenn er sich schlecht über eine Sache ausdrückt, wenn sein Aufbau lose ist und seine Gedanken schwach sind, die Mängel seines Styles fast immer darauf zurückgeführt werden können, daß er kein klares Verständniß von dem behandelten Gegenstande hatte. So eng ist die Verwandtschaft, die zwischen dem Gedanken und den Worten, in welche jene gekleidet werden, besteht. Das Abfassen von Aufsätzen, wichtig wie es immer war, ist durch die Anforderung des modernen Geschmackes noch viel wichtiger geworden. Wie in allen anderen Dingen hat sich auch hier der Geschmack verfeinert. Wer schreiben will, muß Acht darauf geben, daß er sich gut ausdrückt und seine Gedanken wählt, sonst wird er übersehen oder verspottet. In Anschluß hieran möchte ich bemerken, daß die Gegenwart der Schönrednerei zu viel Aufmerksamkeit widmet; die Schriftsteller sind oft mehr besorgt, einen abgerundeten, verfeinerten Styl zu schreiben, als originelle Gedanken zu bringen. Dadurch wird der Geschmack derer, welche die Satzungen der Beredtsamkeit und die

Sprucharten eines guten Styles nie gelernt haben, oft verdorben. Und wenn sie als Redner oder Schriftsteller vor die Oeffentlichkeit treten, so haben sie kein anderes Maß, nach welchen sie sich richten können, als das, was eben modern und volksthümlich ist, sei es auch noch so irrthümlich.

Obwohl ich dem Schüler angerathen habe, sich im Abfassen von Aufsätzen zu üben, so warne ich ihn doch vor jedem gedankenlosen Geschreibsel. Möge er nie die Feder ergreifen oder das Papier vor sich hinlegen, ehe er nicht lange und gründlich genug über den Gegenstand, den er behandeln will nachgedacht hat. Dem Mangel genügender Ueberlegung ist es zuzuschreiben, daß so viele literarische Arbeiten entstehen, welche die Schriftstellerei entwürdigen und fast ebenso schnell wieder verschwinden, wie sie kommen. Ueber alle Künste und Wissenschaften haben nämlich auch Leute geschrieben, die gar nichts davon verstanden. Der echte Gelehrte soll seine Kenntnisse indessen in bescheidener Weise vorbringen und verwerthen. Es ist unmännliche Schüchternheit, seine Kenntnisse bei passenden Gelegenheiten zu verbergen. Bescheidenheit ist das charakteristische Merkmal wahren Verdienstes, wie Festigkeit das bewußter Würde. Der verständige Mensch wird stets unparteiisch und rücksichtsvoll, allein auch immer bereit sein, die unverschämten Angriffe Unwissender in ihre Schranken zurückzuweisen.

Zur Stärkung des Gedächtnisses.

Das Befolgen der nachstehenden Regeln wird wesentlich dazu beitragen, das Gedächtniß Derer zu stärken, die bereits in vorgerücktem Lebensalter stehen. Der Student soll sich so lange mit jedem Studium, das er sich ausgewählt hat, befassen, bis er Meister desselben geworden ist und dasselbe als Ganzes sowohl wie in seinen Theilen vollständig begriffen hat. Zweitens soll er sich bemühen, die leitenden Gedanken aneinander zu reihen und die Thatsachen zu klassificiren, so daß der Geist sofort im Stande ist, die Grundzüge der betreffenden Wissenschaft zu überblicken. Nachher kann er leicht auf die untergeordneten Theile übergehen. Die Alten schulten ihr Gedächtniß fast einzig auf diese Weise. Das Gedächtniß ohne System kann überhaupt nie von Nutzen sein. Drittens soll der Studirende nicht mechanisch auswendiglernen. Viele vergessen, was ihnen gesagt worden ist, weil sie es nie richtig verstanden haben.

Hier liegt der Grund, weshalb in Lehrmethoden unserer Schulen so Vieles unvollkommen ist.

Wenn wir die Worte des Dr. Franklin betrachten, fällt uns zunächst die Verschiedenartigkeit seiner Beobachtungen über die mannigfaltigsten Gegenstände auf. Wir sollten glauben, es gehöre ein ganz kolossales Gedächtniß dazu, alle diese Beobachtungen zu behalten; allein Dr. Franklin sagt aus, er habe die Gewohnheit gehabt, Alles, was ihm interessant erschien, zu notiren. Er räth seinen Freunden ein Gleiches zu thun und meint, es vergehe kein Tag, ohne daß man etwas sehe oder höre, was später zu nützlichen Entdeckungen führen könne. Während er so Alles niederschrieb, blieb seinem Geiste vollauf Muße, nachzudenken und er brauchte sein Gedächtniß, selbst bei den bedeutsamsten Gelegenheiten, nicht außergewöhnlich anzustrengen.

Das beste Mittel, sich ein gutes Gedächtniß anzueignen, ist die beständige, maßvolle Uebung des letzteren, denn das Gedächtniß, wie andere Eigenschaften, wird durch tägliche Uebung geschärft. Da starkausgebildete Fähigkeiten früh geweckt werden müssen, so ist es nothwendig, das Gedächtniß der Kinder so früh wie möglich zu üben. Allein man soll die Kinder nicht zwingen, Etwas in ihr Gedächtniß aufzunehmen, was sie nicht begreifen können. Das hindert die Entwicklung ihrer Fähigkeiten und macht sie unlustig zum Lernen.

Die Naturphilosophie wird gewöhnlich als die Kunst oder Wissenschaft betrachtet, welche sich mit den Kräften und Eigenschaften der Naturkörper und deren Wirkungen auf einander beschäftigt. Die Moralphilosophie befaßt sich mit dem Geiste oder die Seele. Die Naturphilosophie andererseits widmet ihre Aufmerksamkeit ausschließlich dem Körper der Schöpfung. Des Moralisten Aufgabe ist es, die Natur der Tugend zu erforschen, die Ursachen und Wirkungen des Lasters zu ermitteln und Vorschläge zu machen, wie dem Uebel abgeholfen und der Mensch glücklich werden kann. Der Naturalist aber hat nichts mit der Seele zu thun; seine Forschungen beschränken sich auf die Materie.

Die Naturphilosophie unterscheidet sich von der Naturgeschichte dadurch, daß sich diese ausschließlich mit der äußern Erscheinung der Naturkörper befaßt und diese auf Grund ihrer Zusammengehörigkeit und Aehnlichkeit klassificirt, während das Gebiet jener sich viel weiter erstreckt. Die Naturphilosophie beobachtet die Wirkungen der Körper aufeinander, und obwohl sie die Ursachen der Wirkungen nicht zu ergründen oder anzugeben vermag, so beweist sie doch, gestützt auf Vernunftschlüsse und Erfahrung, daß unter bestimmten Umständen bestimmte Wirkungen zu Tage treten müssen.

Die Chemie.

So bald der Mensch nachzudenken anfängt, nehmen auch die ihn ringsumgebenden Dinge naturgemäß seine Aufmerksamkeit in Anspruch. Als Wissenschaft steht die Chemie in den engsten Beziehungen zu allen Naturerscheinungen. Die Ursachen des Regens, Schnees, Hagels, Thaus, Windes, Erdbebens und selbst der Aenderung der Jahreszeiten können ohne Kenntniß der Chemie nicht erläutert werden. Die Vegetation und die wichtigsten Funktionen thierischer Körper sind wesentlich durch die Chemie erklärt worden. Kein Studium kann uns genauere Vorstellungen über die Weisheit der Schöpfung geben, als das Studium der Chemie. Als Kunst dient dieselbe bereits allen unseren Fabrikanten. Der Besitzer der Glashütte, der Töpfer, der Schmied und alle übrigen Metallarbeiter, der Gerber, der Seifensieder, der Färber und der Bleicher sind praktische Chemiker. Der Fortschritt der Chemie war für die bezeichneten Gewerbe von großer Wichtigkeit. Der Ackerbau kann nur mit Zuhülfnahme der Chemie rationell betrieben werden, und was die Medizin von den Früchten der chemischen Wissenschaft gewonnen hat, ist zu einleuchtend als daß dessen hier Erwähnung gethan zu werden braucht.

Astronomie.

Unter allen Wissenschaften, auf welche die Lehrsätze der Geometrie als unwiderlegliche Beweismittel Anwendung finden, ist die Astronomie die schönste und erhabenste. Vielleicht ist sie unter den Naturwissenschaften die verläßlichste und exakteste, denn sie merzt die Irrungen des Auges bei der Beobachtung der Planeten hinsichtlich ihrer Bewegungen aus, stellt den Umfang und die Entfernungen der Himmelskörper sowie die unter diesen herrschende Ordnung und ihr Verhältniß zu einander als Körper des Sonnensystems fest. Auch beschränkt sie sich nicht nur auf die erwähnten großen Objekte, sondern belehrt uns über andere Sonnen und andere Sonnensysteme, Planeten, die sich im Raum bewegen und weist nach), daß jene Himmelskörper denselben Naturgesetzen unterworfen sind wie die zu unserm eigenen Sonnensysteme gehörigen.

Naturgeschichte.

Unter allen Studien ist die Naturgeschichte für den Geist der lernbegierigen Jugend ganz besonders geschaffen. Die Gegenstände, mit denen sich die Naturgeschichte befaßt, sind so beschaffen, daß sie den Sinnen anschaulich gemacht werden können. Die Jugend begreift sie daher leichter als die Regeln der Grammatik oder die abstracten Ideen der Moralphilosophie. Sie sind überdies eine unerschöpfliche Quelle der Unterhaltung, und ihre große Nützlichkeit in jeder Lebenslage wird allgemein anerkannt.

Das Studium der Werke der Natur bietet übrigens an und für sich das edelste Vergnügen und die erbaulichste Belehrung. Ein Gang über's Feld, nachdem man ein wenig Naturgeschichte studirt hat, wird reiche Gelegenheit bieten, neue wichtige Kenntnisse zu erwerben. Die Hügel, die Thäler und Steinbrüche geben Stoff zum Nachdenken über ihre Entstehung, ihren Gebrauch und ihre Schönheit. Und jede erwachsene Person, die Verständniß von der Sache hat, kann ihre Gedanken darüber mit Hülfe der Anschauung leicht in das Kindergemüth überführen. Jedes reale Wissen kann auf die beschriebene Art aller Wahrscheinlichkeit nach mit dem größten Erfolg gelehrt werden. Alles, dessen Zweckdienlichkeit nicht nachgewiesen werden kann, ist unnütze Gelehrsamkeits-Krämerei, kein wahres Wissen. Leute, die nur mit gelehrten Redensarten kramen, haben keine klare Vorstellung von wirklichen Kenntnissen. Man kann sich daher erklären, warum die Wissenschaften in unseren Volksschulen mit so wenig Erfolg gelehrt werden. Sie werden eben nicht begriffen. Leicht kann Einer den Andern das lehren, was er selbst gründlich versteht. Bewegt er sich aber in rein technischen Ausdrücken, so kann er keine Erklärungen abgeben, die Ideen an Andere überführen. Kein Wunder, daß er seinen Zweck verfehlt, denn es ist immer schwer, Worte zu behalten, die keinen Sinn haben.

Geschichte.

Die Geschichte kann, im Lichte der Natur ihre Gegenstände betrachtend, in allgemeine und Spezialgeschichte, und mit Rücksicht auf die Zeit, in alte und neue, oder alte, mittlere und neue getheilt werden. Die alte Geschichte beginnt mit der Schöpfung und reicht bis zur Zeit Karls des Großen oder dem Jahr 800 nach Christi Geburt. Die mit jener Periode beginnende neue Geschichte reicht bis auf den heutigen Tag. Oder die mit der Schöpfung beginnende alte Geschichte reicht bis zum Sturz des weströmischen Reiches im Jahre 476; die Geschichte des Mittelalters beginnt dann und reicht bis zum 15. oder 16. Jahrhundert; die neuere Geschichte bringt uns von dort bis zur Jetztzeit. Die allgemeine Geschichte bezieht sich auf Nationen und öffentliche Angelegenheiten, und ist in biblische, Kirchen- und Profan-Geschichte zu theilen. Biographien, Memoiren und Briefe machen die Spezialgeschichte aus. Die Statistiken beziehen sich auf die heutige Lage der Nationen. Geographie und Chronologie sind wichtige Hülfsmittel und bringen diese Ordnung, Regelmäßigkeit und Klarheit.

Die richtige Unterscheidungslinie zwischen beglaubigter und in's Reich der Sage zu verweisender Geschichte zu ziehen, muß das erste Augenmerk des nachdenkenden Lesers sein. Indem er dies thut, wird er finden, daß nur wenig Verlaß auf die Erzählungen über die Zustände der heidnischen Welt vor der Erfindung der Schrift zu setzen ist, da sich dieselben auf rein mündliche Ueberlieferungen gründen. Er sollte nicht versuchen, mit diesen sein Gedächtniß zu belasten, sondern sich denjenigen Ereignissen zuwenden, über welche wir authentische Aufzeichnungen besitzen. Hierbei indessen sollte er sich bestreben, eine unpartheiische Ansicht über die Männer der Geschichte und ihre Handlungen zu gewinnen, und sich sein Urtheil nicht verwirren lassen, durch die von einem Geschichtsschreiber ausgesprochenen Ansichten, da dieser vielleicht durch Parteigeist sich hat beeinflussen lassen. Die Geschichtschreibung ist im Allgemeinen darin mangelhaft, daß sie nur diejenigen verzeichnet, welche durch Namen, Ort oder Datum bemerkbar gemacht sind, während diejenigen, nicht dadurch gekennzeichneten Thatsachen und deren langsam fortschreitende Ursachen immer unbeachtet bleiben. Daher die jungen Lesern so oft beigebrachten falschen Ansichten.

Will man sich auf das Studium der Geschicht werfen, so ist es sicher von großem Vortheil der chronologischen Ordnung der Dinge zu folgen. Jemanden, der einen gründlichen Kursus durchmachen will, würde ich zum Lesen Herodet, empfehlen, dessen Geschichtswerk nächst der Bibel das älteste ist, die römischen Geschichtschreiber, wie Livius, Sallust und Cäsar; Plutarch's Biographen, Gibbon's „Niedergang und Fall des römischen Reiches," und Dr. Robertson Historien" empfehlen. Was unsere eigene Geschichte betrifft, so sind Bancroft's „United States," Prescott's „Ferdinand und Isabella," und Irving's „Columbus", eine höchst angenehme Lectüre von den höchsten Autoritäten.

Biographie.

Die Biographie ist ein hochwichtiger Zweig der Geschichte. Der Biograph füllt durch seine genauen Nachforschungen die vom Geschichtschreiber gelassenen Lücken aus. Was Letzterer uns nur in Umrissen und Skizzen giebt, bringt uns der Andere in vollständigeren und fein ausgearbeiteten Portraits. Ihr Wirkungskreis erstreckt sich nicht blos auf die, welche auf der großen Schaubühne der Welt als Herrscher, Staatsmänner und Krieger dagestanden haben, sondern auf Alle, welche durch die Arbeit ihres Geistes und Genies die Menschheit gehoben und sie durch ihr Beispiel erbaut haben.

Die Bieographie ist im Allgemeinen ein ebenso unterhaltender wie belehrender Zweig der Literatur. Mit Treue geschrieben enthüllt sie den Mensch dem Menschen, sie deckt seine Tugenden und Laster, den Edelsinn und die Gemeinheit auf, deren er fähig ist. In dem einen wie anderen Falle bietet sie eine werthvolle Lehre, die an denen, welche den Wunsch in sich tragen, tugendhaft zu sein, nicht vergeblich vorübergehen wird.

Die geeignete Aufmerksamkeit sollte stets dem, was man Lebensart und gute Manieren nennt, geschenkt werden; aber nie sollte man auch nur einen Augenblick nützlichere Studien darüber vernachlässigen. Jede Beschäftigung sollte auf ihre zukünftige Nützlichkeit gewogen werden, und da diejenigen Punkte, welche für ein feines Betragen wesentlich erachtet werden, nicht vernachlässigt werden sollten, auch zu ihrer Erwerbung sehr geringe Zeit erforderlich ist, so sollten junge Leute die geeignete Unterweisung in diesen Dingen haben. Dieselben geben eine Eleganz und Leichtigkeit des Benehmens, welche stets günstig auf die Gesellschaft, bei der man eingeführt wird, wirken; aber Talent und Tugend nur vollenden die Eroberung, und erhöhen den vorübergehenden Beifall der Menschen in festgegründete und anhaltende Achtung.

Geschmack ist die Kraft, welche der Geist besitzt, die in den Werken der Natur und Kunst sich vorfindenden Schönheiten zu genießen. Es ist behauptet worden, daß Geschmack ein natürliches Talent und so unabhängig von Kunst sei, als scharfe Augen oder eine feine Nase, und ohne Zweifel ist der Hauptfaktor des Geschmackes eine natürliche Empfindlichkeit ohne welche er nicht vorhanden sein könnte. Aber er unterscheidet sich von den Sinnen in diesem Punkte, daß diese von der Natur vollendet hergestellt sind, während Geschmack nicht ohne die richtige Erziehung zur Vollkommenheit gebracht werden kann. Denn der Geschmack will nicht nur über Natur, sondern auch über Kunst urtheilen, und dies Urtheil wird auf Beobachtung und Vergleich gegründet.

Die Elementarkenntnisse des Geschmackes können erstens durch das Lesen von fachwissenschaftlichen Büchern mit Bezug auf den Gegenstand, zweitens durch Auswahl und Erklärung erhebender Stellen aus Shakspeare, Johnson, Sterne u. s. f. und drittens durch Zeigen und Erklären von Abdrücken hübscher Kunstgegenstände, oder Nachbildungen antiker Gemälde und Gedenkmünzen geübt werden.

Zeichnen.

Zeichnen ist nicht nur die edelste, angenehmste und erhebendste Eigenschaft, sondern auch die Grundlage zum Malen und von unschätzbarem Werth für den Bildhauer, dem Architekten, Graveur, Ingeneur, Maschinisten, Mathematiker und Seemann. Ferner ist es ein werthvolles Hülfsmittel für den Gärtner, Tischler, Weber u. s. f. Kurzum, es giebt kaum einen Zweig der bürgerlichen Gesellschaft, der nicht dieser Kunst seinen Tribut zollte, vom Verfertiger der eisernen Geländer vor unserem Hause bis zum Former der Theetöpfe auf unseren Tischen. Ganze Bände voll von Beschreibungen geben nie einen so einleuchtenden Begriff von einer Sache als die gewöhnlichste Zeichnung.

Es ist unmöglich, genau den Umfang von Körpern festzustellen, wenn wir nicht deren Figur vor uns haben, und selbst eine Nachahmung dieser Figuren im Kleinen genügt, weil sie ihre Begründung in den Regeln der Perspektive finden, und wir können die Ausdehnung solcher Körper feststellen, wenn wir einen Begriff von diesen Regeln haben.

Musik.

Die Musik kann als eines der nützlichsten Mittel betrachtet werden welche uns zur Hebung und Erziehung des menschlichen Geistes zur Verfügung stehen, und ist bei Weitem das beste Mittel, um das Herz empfänglich für alle höheren Gefühle zu machen. Die Musik kann nicht zu jenen Künsten allein gerechnet werden, welche nur den Sinnen gefallen, denn die Erzeugung derselben beschäftigt gewiß den Geist bedeutend mehr als den Körper. Ich habe niemals eine Person gekannt, die gute Musik voll genießen konnten, wenn nicht ein warmes, zartes und wohlwollendes Herz in ihr wohnte.

Höflichkeit.

Manche Leute haben eine gewisses bezauberndes und einnehmendes Wesen, welches ihnen sofort das Vertrauen und den guten Willen ihrer Bekannten sichert. Diese beneidenswerthe Eigenschaft läßt sich schwerlich näher erklären; sie mag einfach in einem angenehmen Gesichtszuge und einem ungezwungenen freundlichen Benehmen liegen, welches dem neuen Bekannten ein ähnliches Gefühl einflößt. Was immer es aber sein möge, gewiß ist es eine wünschenswerthe Errungenschaft, und daher drängt sich uns die Frage auf: Wie sollen wir uns dieser Vollendung des Auftretens theilhaftig machen? — Durch Uebung von Munterkeit und Wohlthätigkeit und den Ausdruck dieser Gefühle in den Gesichtszügen.

Bei der Unterhaltung lerne sowohl ein guter Beobachter wie auch ein guter Sprecher zu sein. Um dies zu erreichen, mußt du sehr aufmerksam sein und dich um das Gesagte eingehend kümmern. Niemals von deinen eigenen Fehlern und Tugenden zu sprechen, ob rühmender oder beschuldigender Weise. Sei nicht vorschnell schlecht, selbst von einer schlechten Person zu sprechen, denn neben dem Schaden, den du ihr zufügst, läßt es keinen guten Eindruck von dir selbst bei deinen Zuhörern zurück. Meide gewürzte Phrasen oder leichte Flüche. Kurzum, vermeide allen Schein, gebrauche eine einfache und gute Sprache, und du wirst bekannt und geachtet für Das, was du bist.

Die Sittlichkeit des Handwerkers.

Die einzige Sittlichkeitslehre für Kinder, und die wichtigste für Personen aller Altersklassen, ist die, niemals einem Nebenmenschen ein Leid zuzufügen. Selbst das positive Sachvernehmen, Gutes zu thun, wenn es nicht dem ernsten Gedanken untergeordnet wird, ist gefährlich, falsch und voll von Wiedersprüchen. Die ganze Welt, selbst der böse Mensch, thut zuweilen Diesem oder Jenem Gutes; und daher kommt eben unser Unglück. Die Ansicht, Niemanden Leid zu thun bringt mit sich die Absicht, der Gemeinde so wenig Schaden wie möglich zu thun, denn in der Gesellschaft wird das, was gut für Einen ist, oft das Schädlichste für den Andern.

Ich glaube, es kann bewiesen werden, daß die besten Sittlichkeitsvorschriften, selbst wenn mit der Sanktion religiöser Schrecken eingeimpft, nicht halb so viel Wirkung zur Ablegung von Lastern hatten, als Studium und Wissenschaft. Erfahrung zeigt uns, wie schnell die Grundsätze der Sittlichkeit, die uns in der Kindheit eingeprägt wurden, vergessen oder den vorherrschenden Gebräuchen der Welt angepaßt werden; Aber wenn ein Geschmack an den Wissenschaften erworben wurde, müssen die Leidenschaften sich auf einen vernünftigen Gegenstand richten. Kein Versuch sie vom Pfade der Tugend abzulenken, ist vorhanden, die mächtigsten Anregungen zu verbrecherischem Genuß verschwunden, wie auch die Eintönigkeiten des Lebens in der Zeit von einem Genuß bis zum andern aufgehoben.

Die allgemeinen Regeln der Sittlichkeit gehen aus einer fortwährend den Beobachtung der Richtigkeit und Angemessenheit der Handlungen anderer Menschen hervor. Was immer passend ist und allgemeinen Beifall erregt, ringt uns nicht nur unsere Zustimmung ab, sondern erwärmt und ermuntert uns zur Nachahmung. In derselben Art und Weise entsteht ein Gefühl des Abscheues gegen das, was nicht recht ist. In dieser Weise werden die Regeln für unser eigenes Benehmen aus den Handlungen unserer Mitmenschen abgeleitet. Bei strenger Beibehaltung dieser Regeln und die vorher erwähnte Vorschrift wird man sich das höchste Stadium von Glückseligkeit im Leben sichern. Dies und der Gehorsam gegen den

Willen Gottes, wie er in den Gesetzen der Natur uns offenbart wurde, ist strenge Sittlichkeit und wahre Religion.

Ich kann nicht schließen, ohne euch, Eltern und Vormündern, einige Rathschläge mit Bezug auf die Sorge und die Erziehung der Kinder zu geben, welche euch anvertraut sind.

Wenn ihr gute und gehorsame Kinder haben wollt, behandelt sie gut. Dies darf vieles einschließen. Erstens macht das Haus anziehend und freundlich, dann werden euere Kinder das Haus gern haben und nicht anderswo Unterhaltung suchen. Um es zu thun, schafft vor allen Dingen Bücher an, die ihrem Alter angemessen sind, denn ihr könnt nicht alte Köpfe auf junge Schultern pflanzen. Ferner seid geduldig, selbst wenn sie etwas bösartig sein sollten. Erinnert euch daran, daß auch ihr einst jung gewesen. Gebraucht niemals den Stock; eine ernste und milde Ermahnung wird sie mehr an euch fesseln als alle zornigen Worte und Schläge. Ich wiederhole noch einmal, greift sie von der freundlichen Seite an, denn die menschliche Natur ist schwer durch Härte zu zwingen. Schafft irgend ein Musikinstrument an, denn die Musik wirkt versöhnend und hilft, die Wohnung angenehm zu machen.

Wenn die Kinder dann das Alter erreichen, in welchem sie Gesellschaft und Unterhaltung verlangen, schafft irgend ein Spiel, wie Dame, Domino, Schach, Croquet u. s. f. an. Namentlich wenn ihr Söhne habt, solltet ihr diese Sachen halten. Ich wollte, daß jede Familie im Stande wäre, alle diese Sachen zu kaufen, und dann würdet ihr euern Sohn und eure Tochter Abends im Hause halten, während sie sonst ihre Abende auswärts verbringen werden; wo, wißt ihr nicht und oft werden sie spät nach Hause kommen. Die Gewohnheit, die Abende außer dem Hause zuzubringen, ist der Ruin vieler junger Männer und auch Mädchen — mehr als irgend etwas Anderes gewesen.

Aber, wird irgend Jemand sagen, ich glaube nicht an Spiele. Lieber Freund, es ist die schlechte Anwendung von Spielen, nicht das Spiel selbst, welches schädlich ist. Und wenn ihr das Spiel zu Hause spielt und euren Kindern lehrt, ist dies eine Unterhaltung für euch selbst und die Sucht des jugendlichen Gemüthes, das Spiel zu sehen und zu lernen, verschwindet. Die Kinder werden sich sonst fortschleichen und die Spiele anderswo lernen, wenn ihr sie nicht darin unterrichtet.

Geht und kauft das Werk „Hoyle on Games" und lehrt sie alle

An junge Handwerker.

Kniffe beim Spiel. Wenn sie dann in schlechter Gesellschaft sich befinden, werden sie nicht unwissend genug sein, ihr Alles an ein Spiel zu wagen, in welchem sie sicher betrogen würden, wenn sie unwissend wären. Folgt meinem Rathe und wartet den Erfolg ab.

Nun will ich dies nicht so verstanden wissen, als ob ihr eure Kinder jeden Abend spielen lassen solltet oder sie festhalten und anbinden solltet wie ein Pferd; macht aber vor allen Dingen das Haus so angenehm, daß sie nicht wünschen können es zu verlassen.

Zeugnisse.

Feuerwehrsamt der Stadt Chicago,
Bureau des Feuermarschalls, No. 2 Quincy Straße,
Chicago, Ills., den 10. Sept. 1877.

An Alle, die es angeht:

Hiermit wird bescheinigt, daß Hr. W. Pitcher, der Verfasser dieses Buches, als ein vollständig Unbekannter zu uns gekommen ist und seine Theorie und Praxis beim Pferdebeschlagen erklärt hat, sowie seine Heilmethode bei Wiederherstellung erkrankter Füße und Schultern und bei Behandlung der so erkrankten Pferde. Da wir in unserem Verwaltungszweige eine Anzahl von Pferden mit lahmen Hufen und Schultern hatten, gaben wir ihm eine Gelegenheit, einen praktischen Versuch mit seiner Methode anzustellen, während er sein Buch der Oeffentlichkeit zu übergeben im Begriffe stand. Wir wollen behaupten, daß er während der Zeit, da die Pferde von ihm behandelt wurden, mehr Erfolg gehabt, als wir erwarteten, und daß wir zu der Ueberzeugung gelangt sind, daß die von Vielen angewandte Methode des Ausschneidens der Mitte, Seiten und Sohle des Hufes und Anschmiedens eines zu heißen und den Fuß versengenden Hufeisens gänzlich falsch und schmerzhaft ist.

Wir empfehlen sein Buch, seine Theorie und Praxis allen Eigenthümern von Pferden und allen Hufschmieden auf's Herzlichste.

M. Benner, Feuermarschall.
J. P. Barrett, Sup. Feuer-Alarm Tel.

Zeugnisse.

Comptoir der McCormick Reaper Works,
Chicago, Ill., den 1. Sept. 1877.

Hiermit wird bescheinigt, daß ich im Monat Juli d. J. mit Hrn. B. Pitcher bekannt wurde, dem Verfasser dieses Buches, um welche Zeit mein Pferd sehr lahm war, es hatte „Bar"-Hufeisen an. Hr. Pitcher rieth mir, dieselben abnehmen zu lassen und seine Beschlagungsmethode anzuwenden, was ich seinen Anweisungen gemäß that. Das Ergebniß ist, daß das Pferd von seiner Lahmheit geheilt wurde und seine Füße und Hufe heute gesund und kräftig sind. Unter diesen Umständen empfehle ich sein Buch und seine Methode, für gesunde wie für kranke Pferde, jedermann.

W. R. Selleck.

Comptoir der Chicago City Pferdebahn-Gesellschaft,
Chicago, Ill., den 7. Sept. 1877.

An Alle, die es angeht:

Im Monat Juli d. J. wurde mein Pferd sehr lahm. Hr. B. Pitcher, der Verfasser dieses Buches, beschlug es mit dem Perkin'schen Hufeisen, nach der von ihm angewandten Methode, und das Pferd wurde bald besser. Ich kann sein Buch und seine Methode ohne Scheu allen Pferdebesitzern und Hufschmieden empfehlen.

C. W. Hammond,
Vormann in der Remise von 21. Straße.

Ich schließe mich der oben ausgesprochenen Ansicht aufrichtig an.

Wm. M. Burt, Thierarzt.

Comptoir von Leroy Payne,
Leih- und Verpflegungsstall, 144 u. 145 Mich. Ave.,
Chicago, Ill., den 7. Sept. 1877.

Hiermit bescheinige ich, daß Herr B. Pitcher zwei meiner Pferde nach seiner Methode beschlagen ließ und es mir zum Vergnügen gereicht, zu constatiren, daß er damit eine bedeutende Besserung erzielt hat. Ehe er seine Methode anwandte, liefen die Thiere gewöhnlich lahm, jetzt dagegen ist jede Spur von Lahmheit verschwunden.

Ich kann sein Buch und seine Methode allen Pferdebesitzern und Hufschmieden bestens empfehlen.

Leroy Payne.

Chicago, Ill., den 7. Sept. 1877.

An Alle, die es angeht:

Hiermit bescheinige ich, daß ich verschiedene Pferde unter Herrn B. Pitcher's Anweisungen beschlug, und ich glaube, daß seine Methode zum Beschlagen kranker Füße und zur Behandlung derselben gut ist, und ich kann sein Buch allen Pferdebesitzern und Hufschmieden bestens empfehlen.

Abraham S. Beamish, Hufschmied,
54 Pacific Ave., 1. Werkstatt südl. von den Remisen von Field, Leiter & Co.

Chicago, Ill., den 7. Sept. 1877.

An Alle, die es angeht:

Wir, die Unterzeichneten, haben verschiedene Pferde unter Anleitung des Hrn. B. Pitcher, Verfasser dieses Buches, beschlagen und seine Methode für sehr gut befunden, und wir empfehlen diese und sein Buch allen Pferdebesitzern und Hufschmieden auf das Angelegentlichste.

Gebrüder McGuire,
Hufschmiede, 287 Ost-Kinzie Str.

Newark City Insurance Company,
Insurance Gebäude, 174 Lasalle Straße,
Chicago, Ill., den 22. Jan. 1879.

Ich wünsche mein Zeugniß über Hrn. B. Pitcher's erfolgreiche Heilmethode bei Pferdekrankheiten anzufügen. Meine Stute „Nellie" litt an Schulterlähmung. Nachdem ich vergeblich die besten Thierärzte Chicago's consultirt hatte, wurde ich Hrn. Pitcher empfohlen. In weniger als drei Wochen war dieselbe gesund wie ein Fisch und ist seither nie wieder krank geworden. Thomas Hancock.

Chicago, den 26. Januar 1879.

So weit ich im Stande bin, es zu beurtheilen, ist Herr Pitcher ein erfahrener und praktischer Hufschmied und erfolgreicher Pferdearzt. Ich hatte ein Pferd, welches an den Vorderbeinen lahm wurde. Hr. Pitcher versicherte mich, daß er die Lahmheit heilen könne. Ich ließ ihn deshalb einen Versuch machen. Innerhalb von vier Wochen erklärte er, daß das Thier gesund sei, und obwohl das Pferd seither fortwährend im Dienst gewesen ist, zeigt es doch keine Spuren der früheren Lahmheit.

Jas. K. Burtis.

Zeugnisse.

Comptoir von C. H. Slack's Colonial=Waarenhandlung, en gros u. detail, 119 Madison Straße, Chicago, den 14. Jan. 1879.

Im vergangenen Winter sah ich Herrn B. Pitcher beim Verkauf seines Buches über das Pferd. Er sprach über das, was er in der Heilung von Pferdekrankheiten, wie steifen Schultern, zusammengezogenen Füßen, Hühneraugen u. s. w. thun könne. Ich sagte ihm, daß ich ein gutes Pferd hätte, welches lahm sei, und daß ich ihm zehn Dollars geben würde, wenn er mir den Grund der Lahmheit sagen und eine Heilung vollbringen könne. Er unternahm die Arbeit unter der Bedingung: Keine Heilung, keine Zahlung. Drei Wochen hindurch hatte er das Pferd unter seiner Behandlung, als ich dasselbe wieder einspannte, und seither hat es seine Arbeit in der besten Weise gethan und ist eines der besten Pferde, welches ich je gehabt habe. Als Pitcher das Pferd nahm, hatte es „Bar"=Hufeisen an und seine Hacken, die Seiten der Furche des Hufes waren weggeschnitten und der Fuß selbst verbrannt. Pitcher nahm diese Hufeisen ab und brachte seine offenen, drucklosen Hufeisen zur Verwendung. Er sagte mir, daß das Pferd wieder zum Pferde werden würde, sobald es gesunde Füße erhalten habe, und solche erhielt es. Ich erachte seine Methode für Pferdeeigenthümer äußerst werthvoll und empfehle dieselbe sowie sein Buch herzlich.

A. S. Savage,
Vormann in Slack's Remise.

Comptoir von A. M. Forbes' „Truck" Ställen, 24 u. 26 Adams Str., Chicago, den 14. Januar 1879.

An Alle, die es angeht:

Im vergangenen März fing Herr B. Pitcher an, meine Pferde zu beschlagen. Damals waren ihre Füße im schlechten Zustande, verbrannt und der Seiten= und Huf=Furchen beraubt, die Hufe waren trocken und fieberisch und die Pferde lahm. Seither hat er sie beschlagen und jetzt befinden sie sich im besten Zustande, haben große und starke Wände, Einschnitte und Seiten. Man würde glauben, sie seien eben vom Lande hereingebracht. Ich glaube, daß seine Methode die beste ist, welche ich jemals kennen lernte. Angelegentlichst kann ich sein Buch und seine Methode allen Pferdeeigenthümern empfehlen. A. M. Forbes.

www.ingramcontent.com/pod-product-compliance
Lightning Source LLC
Chambersburg PA
CBHW020055170426
43199CB00009B/295